历史人文丛书 专题卷

成华母亲河的历史回声

张义奇

著

四川文艺出版社

图书在版编目（CIP）数据

沙河流年：成华母亲河的历史回声 / 张义奇著. --成都：
四川文艺出版社, 2018.12（2022.1重印）
（成都·成华历史人文丛书）
ISBN 978-7-5411-5220-7

Ⅰ.①沙… Ⅱ.①张… Ⅲ.①河流—成都—通俗读物Ⅳ.
①K928.42-49

中国版本图书馆CIP数据核字(2018)第300609号

SHAHE LIUNIAN: CHENGHUAMUQINHE DE LISHIHUISHENG

沙河流年：成华母亲河的历史回声

张义奇　著

责任编辑　　燕啸波
封面设计　　叶　茂
内文设计　　叶　茂
责任校对　　段　敏

出版发行　　四川文艺出版社（成都市槐树街 2 号）
网　　址　　www.scwys.com
电　　话　　028-86259287（发行部）　　028-86259303（编辑部）
传　　真　　028-86259306

邮购地址　　成都市槐树街 2 号四川文艺出版社邮购部　　610031
排　　版　　四川最近文化传播有限公司
印　　刷　　永清县晔盛亚胶印有限公司
成品尺寸　　157mm×235mm　　　　开　本　16 开
印　　张　　15.75　　　　　　　　　字　数　210 千
版　　次　　2018 年 12 月第一版　　印　次　2022 年 1 月第二次印刷
书　　号　　ISBN978-7-5411-5220-7
定　　价　　42.00 元

总序

　　成华区作为成都历史上独立的行政区划，是从 1990 年开始的，它是一个非常年轻的区。但是成华这块土地，作为古老成都的一个重要组成区域，则有着悠远的历史与深厚的文化根基。

　　"成华"区名，是成都县与华阳县两个历史地理概念的合称，而成都与华阳很早就出现在古代典籍中。《山海经·大荒北经》中曾有"大荒之中，有山名曰成都载天"的记载，有学者据此认为，成都可能是远古时候的一个国名，或者是古族名。华阳之名也一样悠久，《尚书·禹贡》云："华阳黑水惟梁州。"梁州是上古的九州之一，包括今天川渝及陕滇黔的个别地方，华阳即华山之阳，是指华山以南地方。东晋常璩所撰写的西南地方历史著作《华阳国志》便以地名为书名。或许正是因为这个缘故，地处"华山之阳"的成都平原上便有了华阳县，也从此形成了成都市区二县共拥一城的格局。唐人李吉甫在地理名著《元和郡县图志》一书中，对成都与华阳作了更进一步的记载："成都县，本南夷蜀侯之所理也，秦惠王遣张仪、司马错定蜀，因筑城而郡县之。""华阳县，本汉广都县地，贞观十七年分蜀县置。乾元元年为华阳县，华阳本蜀国之号，因以为名。"由此可见，成都与华阳历史之悠久，仅从行政区域角度看，成都从最初置县至今已有两千三百多年，而华阳从唐乾元元年（758）至今也有一千二百多年了。

　　不仅成华之名源远流长，具有丰富的人文内涵，成华这片土地更是积淀着厚重的历史与文化。可以说成华既是一部沉甸甸的史书，也是一首动人心魄的长诗。这里有纵贯全境且流淌着历史血液与透露着浓烈人文气息的沙河，有一万年前古人类使用过的石器，有堆积数千年文明的羊子山，有初建成都城挖土形成的北池，有浸透了汉赋韵律的驷马桥，有塞北雄浑的穹顶式和陵，有闻名宇内的川西第一禅林，有道家留下的浪漫神话传说，有移民创造的客家文化，还有难忘的当代工业文明记忆，还有世界的宠儿大熊猫……

成华有叙述不尽的历史故事。

成华有百看不厌的人文风景。

成华的历史是悠久的巴蜀历史的一部分；成华土地上生长的文明是灿烂的巴蜀文明的重要组成部分。

为了把这耀眼的历史文化集中而清晰地展现给人们，同时也为后世保留一笔珍贵的精神财富，中共成华区委和成华区人民政府立足全区资源禀赋和现实基础，将组织编写并出版"成都·成华历史人文丛书"纳入"文化品牌塑造"工程的重要内容之一。由成华区委宣传部、成华区文联、成华区文旅体局、成华区地志办等单位牵头策划，并组织一批学者、作家共同完成这套丛书，包括综合卷与街道卷两大部分，共计二十册。其中综合卷六册，街道卷十四册。综合卷从宏观的视野述说沙河的过往，清理历史的遗迹，讲述客家的故事，描写熊猫的经历，抒写诗文的成华，回眸东郊工业文明的辉煌成就。街道卷则更多从细微处入手，集中挖掘与整理蕴藏在社区、在民间的历史文化片断。

历史潮流滚滚前行。成华作为日益国际化的成都主城区之一，随着城市化进程的深入推进，对生活在成华本土的"原住民"和外来"移民"，更加渴望了解脚下这片土地，构建了积极的文化归宿。此次大规模地全面梳理、挖掘本土历史，并以人文地理散文的形式出版，在成华建区史上尚属首次。这既顺应了群众呼声、历史潮流，又充分展现了成华人的文化自觉和文化自信。

"成都·成华历史人文丛书"是成华人对成华悠久历史、深厚文化的一次深邃的打量，更是成华人献给自身脚下这片土地的一份深情与厚爱！

书籍记录岁月，照亮历史，传播文化。书籍是人类精神文明的载体，中华数千年的历史文化传承，书籍功莫大焉。如今，中国人民正在追求民族复兴的伟大梦想，通过书籍去回顾历史、展望未来，乃是实现这一复兴之梦的重要路径。

身在"华阳国"中的成华人，也有自己的梦。传承悠久的巴蜀文明，弘扬优秀的天府文化，正是我们的圆梦方式之一。

这便是出版"成都·成华历史人文丛书"的宗旨和意义之所在。

张义奇　蒋松谷

序

沙河，是除了锦江之外，成都市区的一条重要的河流，是成华区的母亲河。

沙河全长只有 22.22 千米，全流域处于城市或城区边缘，是一条标准的都市河流。如果把沙河比喻为城东土地上的一条龙，那么它的龙头在金牛区境内，龙尾在锦江区范围，而最长的龙身则蜿蜒流淌在成华区的东山脚下。

从前的沙河是一条纯粹的农耕河流，现代工业之光的照耀，使它成为了一条城郊兼容的河流，穿行在城市与乡村之间，游走在工厂和田原之中。又过了半个多世纪，沙河再次演变为都市河流。从农耕原生态走向工业化，再走向文化生态，沙河经历了否定之否定，得到了高级的生态回归。

在几千年的历史岁月中，沙河在最近的一个世纪中急遽华丽转身，这是时代的巨大变迁。几十年前，我首次骑自行车沿河游走，看到两岸的景色是星罗棋布的红墙、厂房、高高的烟囱和镶嵌在工厂群中的田园、荷塘、林盘；收进耳朵的是远处工厂传来的隐隐约约的机器轰响和原野竹林树梢上叽叽喳喳的鸟鸣。间或有一只飞鸟鸣叫着掠过头顶，如响箭一边射向厂区上空。几十年后，当我再次走在沙河沿线时，曾经的原野和工厂都不见了，昔日犬牙交错的城郊风景一律变成了高楼、绿地、公园和纵横交错的道路，耳畔的机器轰鸣被树林中传来的音乐声和笼中的鸟语替代了。

　　沙河已经完全融入了都市的高楼大厦之间和人们的日常生活中。

　　沙河曾经是古蜀人治水"东别为沱"的产物，它从府河中来，最终又回到府河。在城市东部绕行半周后，带走的是泛滥的洪水，积淀下的却是丰厚的文化土壤。

　　文明在沙河畔兴起。

　　文化在沙河畔生长。

　　历史在沙河畔形成。

　　行走在沙河两岸，我仿佛穿越了时光隧道，昨日的沙河苍老而蹒跚，今日的沙河年轻而漂亮，充满青春朝气。是谁改变了它？当然是具有文化创造力的人类。我似乎一下明白了，原来岁月可以苍老，而我们的世界则可以愈发年轻。

　　沙河正是如此。

　　在岁月的时光中，沙河看见过古蜀的太阳，曾与蜀王一同祭祀天地；沙河目睹了秦兵西来，亲历了古蜀国的灭亡；沙河曾目送踌躇满志的青年司马长卿北上长安，又看见他高车驷马衣锦还乡；沙河拥抱过躲避战乱的三藏法师；沙河敞开胸怀迎接了李白、杜甫、岑参、罗隐、陆游等历代诗人墨客的光临，也包容了刘备、王建、孟知祥等帝王的偏安。

　　沙河听过秦汉的惊雷，沐浴过唐宋的风云，也见证了明清的硝烟。

　　沙河历经了文明的洗礼，战争的痛苦，最终享受到和平的欢乐。

　　沙河的自然长度不长，但历史岁月不短；沙河的河水不深，然而文化厚度不浅。因为有了文明的扎根，文化的浸润，沙河获得了能够与锦江比肩的身份。因为有无数英雄豪杰、文人雅士的驻足，沙河便有了"名共东流水，滔滔无尽期"（唐·岑参）的美誉，也有了"桥边沙水绿蒲老，原上烟芜黄犊闲"（宋·陆游）的意境。而"沃野桑田成闹市，溪流无语默朝东"（当代·李定一）则道出了千年沙河的历史变迁。

沙河是一条岁月的河。

沙河是一条人文的河。

沙河是锦江的姊妹河，成华的母亲河。

沙河是成都城市重要的生态河。

张义奇

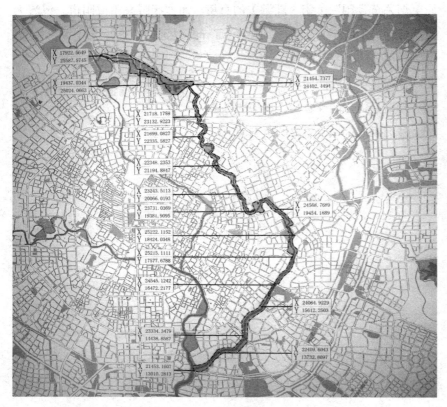

▲　沙河管理处立于沙河源公园内的"沙河示意图"，从地图上看沙河的流经。
　　张义奇摄

目录

后记

沙河春色

　　在成都版图上，除了"二江抱城"的两条河流外，东部还有一条形如卧蚕的河流，它的名字叫沙河！

　　从地图上看沙河，它是一条短短的游走在城市边缘的河流，上游在金牛区洞子口从府河分流，贯穿整个成华区，然后在锦江区三瓦窑附近回到府河。

　　成都平原是由江河不断冲刷形成的冲积平原。其中最大的两个冲积扇即是岷江冲积扇和沱江冲积扇。成都市区就位于岷江冲积扇的东南部。在城区北部有一座并不高大的凤凰山，这是岷江与沱江的分水岭。凤凰山以北为沱江流域，凤凰山以南属岷江流域。凤凰山以东，便是龙泉山脉前的一片坡地，依次有羊子山、磨盘山、洪家坡、青龙包、朱家岭、塔子山、狮子山、董家山等。沙河便蜿蜒迂回在这些坡地间。

　　古代的沙河源头在凤凰山，因为凤凰山古称升仙山，所以沙河又叫升仙水。但是到了唐宋后，随着郫江改道抱城，升仙水又有了新的源头，升仙水遂改称为沙水，又逐步演变成沙河了，直到今天。在漫长的农耕时代，沙河一直是成都东郊的母亲河，滋养着府河以东的大片土地；20世纪50年代，古老的沙河突然摇身一变，成了维系东郊工业文明的生命河。又过了半个多世纪，沙河再次华丽转身，蜕变为城市大花园中一条生态文明之河。

　　千百年来，沙河历经的沧桑与所负责任的变换，正是成都这座文明古城伟大历史巨变的象征！

成都平原的地理形势

　　20世纪70年代末，一天我坐火车从长春到北京。蒸汽机车隆隆地奔驰在广袤的大平原上，车窗外成片被抛过的火红高粱引起了我很大的兴趣。邻座一位东北旅客颇有些自豪地跟我大谈自己故乡的优越。此人自称是沈阳某单位的采购员，到过很多地方。他听我口音知道我是四川人，便立即说他到过重庆，但随即脸上便透出一种不屑的样子："你们那地方，哎哟！出门就爬坡，从招待所到商店去买点东西都好像要翻山越岭。"他竭力夸张，而且以偏概全，显然是把重庆当成了整个四川。这人多半没学过地理！我在心中耻笑。我告诉他，我是成都人。我们那里一马平川，是一片肥沃的大平原。那个自以为是的采购员似乎并不相信，嘴角明显挂着一丝讪笑。我不想再理他。大概在他眼里，西部的人都是山里人吧！那个年代资讯短缺，人员少有流动，如今通过互联网分分钟就能了解一个地方，当年却只有通过勤读书才能办到。人们对于一个陌生的地方产生某种误会倒也在所难免，只是这误会实在有些离谱，在许多人心中，中国除了东北、华北和长江中下游之外，好像其他地区都是山地。殊不知，在占国土面积近三分之二的广大西部地区，大山之间还有许多丰饶的平原。成都平原便是其中一块著名的平原，虽然它在规模上不能与三大平原相比，甚至还小于西北的关中平原和银川平原，可成都平原的丰饶富裕足可比肩江南；行走于成都平原的乡野田间，其景观与长江中下游富饶的江汉平原、杭嘉湖平原无异。

　　这块我们生活的成都平原，就是我们的故乡。

　　成都平原地处四川盆地西部，所以又名川西平原，四川人俗称"川西坝子"。无论称川西平原还是叫川西坝子，都准确地说明了成都平原的地理位置所在。从分层设色地形图看，成都平原位于东经 103°–104° 42′，北纬 29° 31′–31° 50′之间；南北长约 110 千米，东西宽约 80 千米，面积达 9000 平方千米，是我国西南最大的平原。平原四周被群山环抱，四季分明，日照虽少，但气候温和，雨量充沛，属于暖湿性亚热带太平洋东南季风气候，平原土地肥美，物产丰富，是水稻、油菜、蚕丝等诸多农副产品的著名产区，被誉为"天府之国"。其具体地域除了成都地区，还包括德阳、绵阳、眉山、乐山及雅安所辖的部分地方。成都则处于平原的核心地带。

从地质构造位置上看，成都平原是在中生代前陆盆地基础上发展起来的第四纪断陷盆地，处于中国新华夏系第三沉降带——四川盆地西南缘，围陷于龙门山隆起褶皱带和龙泉山褶断带之间。平原便发育于东北—西南向的向斜构造基础上，由发源于川西北高原的岷江、沱江及其支流冲刷形成的 8 个冲积扇重叠连缀而成，各冲积扇之间便形成台地，各冲积扇地势均由西北向东南倾斜，其中岷江扇规模最大。

四川盆地由于其地质构造，形成了平原水系的独特格局。沱江和岷江两大水系进入平原后，呈网状撒向平原，使平原内平均每隔 2.5 千米就有一条河。这撒开的水网最终又在平原东侧的龙泉山麓收拢，分别在金堂、正兴（苏码头）、新津流出平原。

因此我们可以说，成都平原是一块水造的平原。且看沱、岷两江的具体流经。

沱江发源于川西北九顶山南麓，南流至金堂县赵镇后接纳了毗河、青白江、湔江、石亭江。从源头至赵镇一段，长 127 千米，称为绵远河。出赵镇后至汇入长江，长 522 千米，称为沱江，流经成都、德阳、绵阳、遂宁、资阳、内江、自贡、重庆等地，最后在泸州汇入长江。

岷江是长江上游最大的支流。岷江有东西两源，东源出自松潘县岷山南麓海拔 3727 米的弓杠岭，西源出自海拔 4610 米的郎架岭，二水流至松潘虹桥关上游川主寺合为一股，然后自北向南流经茂县、汶川、都江堰，进入平原后，经郫县、成都、新津、彭山、眉山、青神、乐山、犍为，在宜宾市汇入长江，干流全长 711 千米。

沱江与岷江都流经成都，但只有岷江水网在成都市区全面撒开，而沱江则与成都市区擦肩而过。岷江与沱江两大水系的分水岭就是成都市区北郊的凤凰山。

岷江是成都平原真正的母亲河。其水系在都江堰市，经李冰所造的著名水利工程都江堰一分为二，一条叫外江，一条称内江。外江又分为金马河、羊马河、黑石河、沙沟河；此外还有发源于龙门山山前地带的文井江、斜江、南江、蒲江等纳入金马河。外江从新津流出成都平原。内江则分为蒲阳河、柏条河、走马河、江安河四大干渠。流经成都市区的锦江，即府河与南河，便分别来自柏条河与走马河。李冰之后，史书中一直有"穿二江成都之中"的记载，这"二江"指的就是当今的府南河，今统称为锦江。

南河，古称检江、锦江、外江等，是李冰修都江堰时从岷江干流上分流出来的一条支流，叫走马河。走马河又先分出徐堰河，至郫县两河口再分为清水河、摸底河。清水河经郫县、成都西部入城，过杜甫草堂后称为南河；摸底河也从西部入城，过金沙遗址，在送仙桥汇入南河。南河至老城东南的合江亭与府河汇合。

府河上游即是柏条河，古名郫江，又称油子河[①]。向东南流称为府河，因流经成都城下，故又名内江、成都江、都江、府江等。在唐代以前，郫江流至成都城西北九里堤后，原本继续南流经过成都城西，在通惠门附近折而向东，与锦江平行而流，在城东南合江亭与南河汇合。但今天的府河进城后沿老城区的北部和东部流，最后在城东南与府河合流。《方舆胜览》记载："高

---

① 清同治《成都县志》："油子河一名郫江，即府河正流。"

骈未筑罗城，内外江皆从城西入，自骈筑城，遂从西北作縻枣堰，内江绕城北而东，注于外江。"此处的内江和外江，便是成都城下郫江和检江。唐乾符二年（875），剑南西川节度使高骈为加强城防，上表朝廷，请求筑罗城，开挖縻枣堰，改郫江水道，使其作为城北、城东护城的一道屏障，从此形成了成都市区"二江抱城"的水道格局。今天的府河仍是在都江堰市崇义镇从检江分流的一条支流。府河与南河至合江亭下合流后，经九眼桥一路往南，最后在彭山县江口镇回到岷江。

郫江和检江进入成都城下，又分为了若干支流，如养育了古蜀文明的摸底河、犀角河，以及唐代的金河、解玉溪等，都是由两江分流的。这些分支河流又分支流，从而形成了古代成都水网密布城市面貌，直到今天，在成都城市的版图上依然能够看到一座曾经的生态水城的面貌。

府河在成都城西北分出了一条重要支流，这就是沙河。沙河在府河外侧，在城东大致与府河平行流淌，曾经是城东一带农业灌溉、工业用水的生命之河，如今则是一条美化城市、净化空气、装点市民生活的生态河流。

沙河的流经与支流

　　沙河从哪里来，又流到哪里去？这曾经是少年时期经常萦绕在我们脑中的问题。我们生活在沙河之滨，从小就在河里逮鱼捉虾游泳，对沙河自然十分亲近。夏日常在河边树上掏鸟窝，热了便光屁股下河；秋日则最喜欢河边那飘落满地并很厚实的干法国梧桐叶，躺在吱吱作响的干树叶儿上，眼望伸向天空那已含苞吐绿的枝条，有一种很惬意的感觉。

　　法国梧桐的学名叫裂叶悬铃木，又称鸠摩罗什树，属于一种高大的乔木。法国梧桐以前是成都市区的行道树，但唯有沙河边的梧桐树长得最粗壮最高大，每年冬季落叶后便增加了沙河的一道风景。

　　沙河之美，美在一种野趣！这就吸引了一群少年探索沙河的欲望与兴趣。

　　1974年夏天，我们初中毕业，那时候上高中没有考试择校一说，因此暑假便是彻底"放野马"。几个同学一商量，决定去走沙河。于是每人头顶一条游泳裤，带个弹弓，从踏水桥向下游一路沿河岸走。热了就下河洗澡或逮会儿鱼虾，那时沙河中的鱼虾黄鳝泥鳅螃蟹很多，记忆最深的是石头缝中往往有成对的鲢巴郎。上岸后则边走边抓虫打鸟，其乐无穷。沙河岸边除了有高大的树，更多的却是一些灌木茅草，因此岸边时而有路，时而被迫绕道。我们一路走走停停，不知走过了多少工厂的外围，也不知走了多长时间，终于来到了一块小三角洲前，抬眼望去一条大河正横亘在不远处，这大河便是府河。正在割草的一位大爷特别给我们强调，这就是从九眼桥、望江楼一路流下来的府河！相形之下，沙河顿时成了一条小沟，与澎湃东流的府河相比，就像个羞答答的小姑娘。不过沙河终归还是因为含沙量大的缘故，刚入府河时水色比较深，泾渭分明的沙河与府河交汇处的颜色，给我留下了很深印象。

许多年以后，当我在西安高陵看到泾河与渭河相会的情景，立即便想到了故乡的沙河与府河。

沙河是府河的儿子，我们有了直观的概念。

走完下游，我们并不甘心。过了几日，大家商量再从踏水桥沿上游走。为了遮太阳，每人偷摘了一张荷塘中的荷叶顶在头上。一路自然是故伎重演，岸上打鸟水中捉鱼，记得在驷马桥旁的预制板厂后，还真抓到了一条被困的红尾鲤鱼，至少有七八两重，小伙伴儿兴奋地嚷着要吃烤鱼，可大家都没火柴，无从烧火。那条可怜的沙河鲤鱼被折磨一阵后，最终死里逃生了，想必它的后代至今还居住在沙河故乡吧！

过了驷马桥再往上游，基本上全是农田了，荒郊野外，四下无人，我们走到了从未到过的地方。走了许久，终于见到了不少人，有几人手上拿着一根很长的竹钩子，站在拴稳的木排上，打捞从河上源源不断漂来的原木。原木被钩到岸边后，便有人运到岸上码放，岸上空地上已码放了好多原木。远近还有不少牛毛毡盖的简易房，不时传出一阵圆盘锯刺耳的声音，估计那是木材加工厂。此刻我们才发现河道已经很宽了，并且河水被分成了两道，一道对直流进我们来的沙河，另一道大些的河则拐了个弯向西南流去。"这儿是洞子口。"一位工人师傅听说这几个中学生是来探究沙河的，便停下手中活计，很耐心地告诉我们，这里就是沙河源头了。拐弯的那条是府河，沙河是从府河分出来的。

原来如此！我们终于弄清楚了存疑已久的问题，沙河并不长嘛，原来它是从府河分出来，最后又回到府河去。时隔多年后，我读到书中有关古蜀人"东别为沱"的治水理念，心中不禁豁然开朗，沙河不正是这个理念的果实吗？

以上是我少年时代第一次用脚步丈量沙河的长度。

2017 年夏天，为写这本有关沙河的小书，我再次对沙河进行了一次考察，骑一辆"摩拜"自行车从沙河源走到东篱翠湖。时隔四十三年的两次沙河游历，感觉完全不同。几十年前的沙河粗犷、活泼、自然，充满野趣，犹如不谙世事的懵懂少年；如今的沙河文静、温柔、秀美，好似含羞的少女。以前沙河之滨是农田与工厂交相辉映，如今是楼房林立，树木成片；以前的沙河两岸道路泥泞，时续时断，如今两岸绿道延伸，花草留芳。

这是昨天和今天的沙河，是个人记忆中的沙河与当下的沙河。

那么沙河究竟流经了哪些地方？

现代沙河的源头就在成都城西北的洞子口。今成彭立交桥的西北—东南面，府河在这里连续拐了几道大弯后，来到成都大西南建材城的西北缘，这里正是以前木综厂打捞漂木所在地，水流相对较缓。就在金泉路与九里堤北路交汇的府河大桥下游数十米的地方，如今建起了一个沙河口公园。园子不大，但幽静多树，且有个供人小憩的亭子。公园外有沙河河道管理站，这里就是沙河的源头——府河在弯道上左分出一支流，经过管理站的两道进水闸向东流，府河水就流进了沙河。河水横穿蓉北商贸大道三段，在"北

▲ 沙河源头。府河在此向左岸分流形成沙河，右岸即为府河。　张义奇摄

湖凝翠"南侧沙河源东路与文轩路之间流过一段后，在宝成铁路桥东侧折
了个弯转向东南流，沿"沙河源"旁相继穿越王贾桥、北星大道、八里桥。
至沙河公园，左纳凤凰河后，再过双水碾，到达升仙湖并接纳了农耕时留
下的灌溉沟渠。从升仙湖开始，沙河分出两支，右侧一支为小沙河，左侧
一支是干流，沿升仙桥北路和赤虎桥北路、赤虎桥南路一直向南流，便来
到了历史悠久的羊子山和驷马桥脚下。跨川陕路，过高笋塘后，沙河突然
折向西南，很快又向东南穿过二环路北四段，经古三洞桥，在416医院附
近过三友路，并连续拐了几道S形弯来到虹波桥后，又向西南拐一小段，
穿过府青路再向东南，沿秀苑路与秀苑东路之间，抵达"科技秀苑"建设
北路的踏水桥，然后在建设北街和国光路之间来到建设路沙河大桥，经宏
明路与亚光路之间向东南穿建设南二路与建设南三路的交接处，流过光明
路与红光路之间一段后，沙河再次折了个S形大弯过麻石桥，转向东北方。
这个弯道就是"麻石烟云"。沙河到达沙河路后，又转向了东南流，相继
过杉板桥、跳蹬河桥后，到达多宝寺附近，在此接纳了下涧漕沟。过了"沙
河客家"多宝寺桥后，沙河开始向西南流，沿五桂桥路穿五桂桥，在塔子
山公园以南左纳秀水河，然后过沙河堡、五福桥，继续向西南在牛沙北路
与牛沙南路之间南流，在此分出一条小沙河与沙河平行，先后穿过静居寺
老沙河大桥和新沙河大桥后，向南行在观音桥附近又左纳了一条灌溉渠，
即与三圣湿地驷马排洪渠相连的南三支渠。离开观音桥后，沙河再次折向
西南，穿过锦华路的下五桂桥，沿着翠景东路与翠景西路之间，就来到了"东
篱翠湖"。这里原来叫东湖，人们俗称三瓦窑。沙河到这里，便一头扎进
了府河的怀抱。不过，沙河现在的出口也是在20世纪50年代整治河道时
才重新规划的。据《成都市文史资料选辑》第六辑，水利专家熊达成先生《1947
年成都地区的洪灾及善后工程述要》称，沙河的出水口原来还要在府河上
游一些，为了防止洪水期间府河水倒流进沙河形成雍水淹没城区，大规模

▲ 沙河在城东南三瓦窑，即今东篱翠湖回到府河，图右这条河就是沙河。　　冯荣光摄

治理沙河时将出水口改到了下游。

最新的数据，沙河从源头到出水口，全长 22.22 千米，河道平均宽度 60 余米，底部宽 35 米，平均深度为 6.7 米。

从地图上看，沙河在成都城西北部与府河分流后，经城北城东蜿蜒而流，最后又折向西南回到府河，这个路径恰似在大地上画了一道弧线。有人将府河与沙河很形象地比喻成一张弓，府河是弓弦，沙河则是弓背。沙河之所以形成这样的走势，正是由成都平原的地势决定的。成都市区处于平原最大的岷江冲积扇的东南部，而沙河的流经又处于岷江冲积扇东部边缘台地，左岸是龙泉山脉延伸的山前坡地，从上游到下游，先后有凤凰山、磨盘山、羊子山、洪家坡、青龙包、朱家岭、塔子山、狮子山、董家山等一系列坡地阻挡。如果把成都比喻成一个美女，这些坡地恰如一串珍珠，而串起这些珍珠的"金线"正是沙河。沙河在这些坡地脚下迂回前进，就是形成沙河弓背的地理原因。因此我们可以说，从沙河的走向看，它应当是远古时代所形成的一条自然河流。不过，这是一条经过了人工改造的自然河流，也是古人"东别为沱"的产物。《尚书·禹贡》载："岷山导江，东别为沱。"所谓东别为沱，是古蜀人根据成都平原的地理成因，即西北高、东南低的地形而采取的一种疏导岷江的具体方法，是大禹时代治水经验的总结，即：在岷江水系上不断向东分流江水。沱，四川话称洄水沱，就是从河道上分出支流，让这支流在下游回到干流，从而造成有利于泄洪、航运和灌溉的水系格局。成都的锦江、摸底河、犀角河以及以前的金河、解玉溪等，都是东别为沱的产物。沙河也不例外。古人将升仙水的源头由升仙山转移至郫江（府河），是"东别为沱"的又一次实践。

"东别为沱"是古代成都人对升仙水的首次宏观改造，为成都城市向北部和东部扩展创造了水利条件，使府河与沙河形成了另一个"二江抱城"的格局。之后千百年以降，人们又对沙河进行了无数次微观治理，使其能够服务于当下。如今只要看沙河的许多弯道，就能明显感觉到人工留下的痕迹，而且恰恰就是在这些具有明显人工痕迹的河段，譬如河道呈垂直或S形弯道的地方，往往都是以前工厂比较集中的区域。

《成都城坊古迹考》云："成都城区东部为丘陵地，地势增高，自山丘中流出之溪流，亦汇入沙河。其中有自北向西南入沙河之双筧槽河；有自狮子山向西北流，过沙河堡又入沙河之秀水河，规模稍大。"正是由于地形使然，沙河接纳的小河流或排洪沟渠基本在左岸。据统计，沙河沿途接纳了或有名或无名的小河小沟二十五条。随着成都城市规模的扩大，不少小河小沟已经从版图上消失了。沙河纳入的支流，比较重要的有凤凰河、秀水河等。

凤凰河原本发源于北部的凤凰山，因此得名，是一条季节性河流，但如今上游已和郫都区安靖镇的东风渠相连。凤凰河从北向南一路流过原陆贾村、郑沙桥（人称东灌）、山王庙、飞机坝、荆竹等地，在郑沙桥分为凤凰河一沟和二沟，凤凰一沟在王贾桥注入沙河；二沟则绕过羊子山，沿昭觉南路、驷马桥街，在驷马桥注入沙河。站东村一位姓姚的老住户告诉我，几十年前，凤凰河里鱼多得很，现在流出的很多是生活污水。我分别查看了凤凰二沟，看到二沟河水中夹杂了相当多的生活用水流出，而一沟则基本是生活排水。

秀水河在下游沙河堡注入沙河，如今秀水河的上游是南三支渠，水源也来自于东风渠。然而早先的秀水河却是发源于东山一带的小河，也是季节性河流。由于其流经地方土壤矿物成分的关系，河水呈现出铁锈一般的颜色，所以人们曾直呼其为"锈水河"。

另有一条鸿门堰，是沙河接纳的一条悠长的支流，它源自凤凰山西部的狮子堰，东南流至动物园、昭觉寺折向南，再经圣灯寺，在"麻石烟云"下游汇入沙河。

沙河也有向外输水的三条支流，它们既是沙河的泄洪水道，也是延伸至乡间的灌溉渠。上游两支均在双水碾成都市自来水五厂沙河右岸分出水，西侧这条一路向南，几乎与北新干道同行，直接抵达城北体育馆。东侧一支围绕水厂转了半圈后向南流，大致与老成彭路平行，至北站东二路，即今北新干道二环路外侧原五一乐器厂和进军皮鞋厂附近拐一个弯向东南流，至高笋塘原四川省链条厂旁穿过二环路北三段，在解放路一段西侧又向东南分流，主干向西南流，穿过一环路北三段经城北体育馆东南侧与南下的分支合流，过花圃路、金华街，至成都北门城隍庙附近流入府河。这两条沙河上游分出后又汇合的支流，人们习惯称其为小沙河。原北站东二路南侧曾经有一条小沙河街便是因此而命名的。小沙河流至成都北门外又被叫作绳溪河，其名源自它细长像绳和清浅若溪的特征。

小沙河在解放路一段西侧向东南分流的一支水，越过解放路一段后再分为东西二沟：西沟南下过李家沱，先后穿越一环路北四段、马鞍西路、马鞍南路、外曹家巷，在太升桥附近流回府河。东沟经倒石桥，下三洞桥，在府青路二段沙河大桥西南方，即原前锋无线电厂附近，过府青路、电子科技大学，穿一环路东一段，在建设北路一段今成都广播电视大学后一分为二，一支从猛追湾进入府河，当地人称为小河；另一支被叫作"大河"，它再次穿过一环路东一段，从建设中路经沙河电影院旁过建设路向东南流。当地居民统称这条北来的水系为"大河小河三道沟"。之所以有如此称谓，是小沙河水进入东郊后又分为若干水流延伸至农田形成灌溉渠。

老东郊沙河与府河之间的农田，绝大部分都依靠东西沟所引的沙河水来灌溉。直到 20 世纪 50 年代后，随着东郊工业建设与城市化的进程，蛛网般的沟渠便渐渐消失了，但是东沟西沟主干到 80 年代还存在。

沙河下游还有一条支流也叫小沙河。在望江宾馆附近沙河左岸分流，上段完全与沙河干流并行，一直流到东篱翠湖，折向正南流，过琉璃场，穿南三环路三段，到锦华路三段附近又分为两叉，左侧一支叫洗瓦堰，向东南流至白鹭湾湿地；右侧一支名颜家沟斗渠，径直南流，在熊家桥路注入府河。沙河下游在观音桥附近还分出一支，自东南流，穿锦绣大道、南三环一段，名为南三支渠，再向西南流，此一段又叫驸马排洪渠，绕幸福梅林到三圣湿地，最后与小沙河汇合。

沙河流经成都三个行政区，除头尾分别归属金牛区和锦江区以外，其余接近三分之二的河段都属于成华区。时间上溯至 1960 年到 1990 年期间，沙河全流域都在金牛区境内；若再往上溯，沙河则分属于成都县和华阳县。《成华区志》称："沙河纵贯成华全境……成华区属于都江堰自流灌溉区，河网密布。"

其实"成华"名称产生与沙河密不可分。据资料显示，"成华"一词最早见于清嘉庆十五年（1810）《曾绍先水堰记》："窃思木有本，水有源，盖成华东北隅上下两地粮田之水源，缘起昭觉……查康熙三十四年（1695）寺曾禀恳成华县主：'有案牍无有碑铭，后人不得而知。'越至雍正六年（1728）分设华阳一县，分为两县，成都百姓居上，华阳百姓在下，需用昭觉余水繁多……"这则资料说明，康熙九年（1670）首次裁撤华阳并入成都县后，民间就习惯称成都县为"成华县"。后于雍正年间，再次分为成都县和华阳县。而在老百姓口耳相传中，仍然将成都市区东北部一带称为"成华"。

因此，沙河堪称成华土地上的生命河。

沙河的前世

　　在距离成都城区北部约六公里的地方，突兀地隆起一片丘陵地，方圆十余公里，人称凤凰山。山不在高，有仙则名。从古至今，这凤凰山可谓是离成都人最近的仙山。

　　2017年夏天和2018年春节前一天，我曾先后三次登临凤凰山，目的明确而简单，是欲循着古人的足迹，去寻觅沙河的源头。许多年前我曾上过一次山，那时的凤凰山还是园艺场，花木、果树、奶牛、青草，还有泥泞的土路，是留在头脑中深刻的印象。如今再次上山，俨然是在登临一处森林公园。不过山上的树林并不茂密，倒是规范整齐的道路、绿草茵茵的坡地、大理石铺路的亭台等，都显示出这是成都最美的登高处。站在山顶，城北一角尽收眼底，远处林立的高楼，伸向远方的公路、高铁，以及运动着的各种车辆，给人留下的像是放电影一般的画面印象。山下有条河，如绿色的缎带，飘飘逸逸从北山脚下蜿蜒而过，那是从远处来又流到远处去的东风渠，这是20世纪五六十年代开的一道人工的河流；其实山脚下原本还环绕有一条历史悠久的凤凰河，如今却难觅踪影。夏天两次上山，都适逢刚下过雨，山坡上到处都是湿漉漉的，纵横的沟壑都有积水，正在往山下无声地流淌，诸多的细流最终都流向南山脚下。

　　"这些水都流进山下的塘里，若水大了最后都流进凤凰河。"一位姓王的公园管理人员如是说。我在山上寻找从赖家店下山的路，竟然迷了路，王师傅用电瓶车搭我到下山的路口，我正好便向他请教。

　　从山到赖家店山脚下来，果然看到绿汪汪的一沟水，水上有桥，水中长满水草。站在溪水边回望山顶，顿时有巍峨挺拔之感。其实山并不高，只是山形有些奇特，想象它从古至今一路走来，沧海桑田，变化实在太大。据史载，古时候的凤凰山是座森林繁茂、草木葱茏并且野生动物出没的仙山，所以才成为皇家狩猎的围场。因为古时候凤凰山植被茂盛，蓄水能力很强，从山中流出的一股水便形成了一条河的源头。先秦时期的这条源头之水，《成华史话》说："秦汉时，因它从城北凤凰山流过，所以最早它被称为'凤凰水'。"但我没有查找到古文献支持。东汉后，凤凰山上因为有道士修炼，凤凰山叫升仙山则是有史可寻的。于是，从山中流出的这股水也就名正言顺被称为升仙水。

沙河的前身正是这升仙水，而升仙山则是古升仙水的源头。换成今天的话说，沙河的源头曾经就在凤凰山。

最早记载升仙水的是南朝时期梁代蜀人李膺的《益州记》。其中有："升仙水，起自始昌堰。堰有两叉，中流即升仙。"古时候的始昌堰具体在什么位置，今天只能知道个大概。有学者认为："始昌堰，相当于近代的砖头堰。"[1]这仅仅是一种猜想。砖头堰在郫江（府河）分流的水道上，而升仙水显然出自升仙山，始昌堰应该在升仙水之上才说得通。可以肯定地说，始昌堰就在升仙山，即今天的凤凰山脚下，与李冰时期的古郫江应该没有关系。唐人卢求《成都记》说得更明白："城北有升仙山，升仙水出焉。"不仅印证了始昌堰就在山脚下，而且说明至迟在唐代，升仙山还有不少山水流泻，所以沙河依然还称升仙水。宋人也把升仙水称为"升迁水"，乐史《太平寰宇记》卷七十三引《益州记》的话："升迁水起自始昌堰。堰有两叉，中流即升迁。"这里的两个"仙"均被改成了"迁"，应该不是作者的笔误，而是有特殊的含义。民国时期所修《华阳县志》记载，当年在驷马桥附近挖出几通石刻碑，即唐代韦津墓志铭和胡璩崔协墓志铭、朱文同郭有直墓志铭以及南宋喻三娘地券文，还将驷马桥一带称为升仙乡，可见直到南宋时，沙河正式名称还叫

---

① 冯广宏编：《成都沙河话古今》，中国三峡出版社，2002年12月版，第7页。

升仙水，但民间已经有另外的称谓。升仙水是何时变成沙河的，有个演变的过程，这个过程或许就与河道的改变有关。陆游《十一月三日过升仙桥》诗云："桥边沙水绿蒲老，原上烟芜黄犊闲。老子真成兴不浅，凭鞍归梦绕家山。"诗中的"沙水"便是沙河。之后，元代费著《岁华记丽谱》也称升仙水为"沙水"了。

从升仙水到沙水，不应该只是名称变化那样简单，说明河道源头可能已经改变，河水的含沙量大了，故而叫沙水，若升仙水河道没有改变，这河流不会称沙水，因为凤凰山山体是黄泥土壤构成，黏着性很强，泥土可能把水染黄。黄龙溪的那条芦溪河就是这样。晚唐乾符三年（876），为加强成都城防，剑南西川节度使高骈在糜枣堰将南流的郫江改道，使之折而向东，环绕成都城北、城东再转向南。有可能就在这个时期，人们在城北绕道的新郫江上分出了一支水连通了升仙水故道，从而加大了升仙水的流量，致使河水含沙量大增，于是升仙水成了沙水。从升仙水到沙水名称的改变，标志着现代沙河的雏形已经基本形成，沙水正式进入史册称为沙河也就是顺理成章的事了。

沙河名称最早记载并不如某些专家所说的是《重建观音桥碑记》，而是出现在比这个碑记还要早数十年的《多宝寺石幢记》中。民国《华阳县志》卷三十记载了《多宝寺石幢记》全文：

> 蜀为西南巨镇，而大慈护国禅寺冠诸刹之首在锦官城府中；盖魏晋时千岁宝掌禅师礼峨眉寓大慈，究其由来亦远矣。唐金头陀重建有解院，去迎晖门外东五里许，古有遗址曰多宝寺，旧有常住。上地东至沙河，西至水沟，内天三坵；中去塔后有二十五丈许，乃宝掌禅师并僧众灵塔在内。宣德乙卯大慈寺遭遇回禄，殿阁廊庑荡然荒墟。正统戊午量受职兹寺，岁在丙寅其寺一新。钦蒙朝廷颁赐大藏经典，复请命建阁安置。工毕，量偕徒德裕诣阙谢恩。上嘉其诚，召见便殿，赐宝钞三千缗为道

费。辛巳岁回蜀，见兹解院，殿堂倾圮，捐己资重建。周植松柏竹树万计，建塔一，以藏幻相。又将大安门外常住碾磨与蜀府典宝所易白土沟官山田一百二十垅，占连本寺古田一十七垅，共计百三十七垅，东至官草山，南至本寺左沙河，西至白土沟，北至象鼻嘴，叶氏居址，俱在界内。天顺癸未敬蒙蜀王赐水田六十垅在寺栽种，供给僧徒。成化十七年岁在辛丑六月吉旦。

这段碑文结尾处明确记述是明成化十七年，也就是 1481 年。文中两处提到了多宝寺的田产与沙河的距离。多宝寺即在今万年场附近的沙河边，寺庙最后残余的建筑在 2003 年沙河整治时彻底消失，但 538 年前，正是这所寺庙的住持僧人第一次记载了升仙水的新名字叫"沙河"。嘉靖四十三年（1654），喻茂坚《重建观音桥碑记》中也使用了"沙河"这新称谓："成都去城七里有沙河，近东景山之寝园，车马经游之路……"到了清代，地理学者陈登龙写《蜀水考》也沿袭了沙河的名字。

从此，升仙水逐渐被历史的帷幕遮蔽，沉入了尘封的故纸堆中。

历史上的沙河除了升仙水之外，还有人称之为油子沟。据《成华坐标》书中《一江沙河话千年》称："沙河是油子河支流的分支，名为油子沟，又名小油河。"《成都城坊古迹考》说油子河即是指府河上游。由走马河所分流的一段："东南流至郫县永定桥，下段成为今之府河，向南进入成都。"沙河因为是从府河，即所谓油子河分出的一支水，所以叫作油子沟。

水是生命的源泉，对于成都东城外坡地前的大片土地而言，油子沟水的滋养真是像"油浸"一般。民间专门有歌谣颂扬油子沟的功绩："观音菩萨去西天，鸟瞰大地兮起尘烟。洒下一滴净瓶水，化成油河金灿灿。大油河兮小油河，两岸荒野兮成良田。油子河兮油子沟，年年两岸闹丰收。"①

中国古人取名字，除了姓名之外，还有字和号，把这种命名方法移用到事物上，同一事物也就常常有多种称呼。成都的一般河流都有多个名字，譬如南河，古名检江、又曰外江、流江、锦江、大江、汶江、都江、清江、笮水等；又譬如府河，古称郫江，又称府江、市桥江、清远江、永平江、油子河等。这些不同的称呼，实际上是同一河流在不同时期的名字，也表示它所具有的某种特点。沙河在某个时期还会不会有别的名称，也有一些蛛丝马迹可寻。

沙河从北一路南流，沿途接纳了许多从左岸山坡中汇入的沟河，而一些沟河的名称是否会一度取代整个沙河呢？ 2018年春节前，我在凤凰山至真观采访两位登山的老人，他们说，几十年前站在山顶往东南磨盘山看，山下还是一片白茫茫水面，那是白莲池，是古代留下的。

今人认为白莲池即是《华阳国志》等古书记载的张仪"筑城取土"留下的万岁池（也叫万顷池、千秋池）遗迹。张仪筑城取土的确留下了一片洼地，成为蓄水农灌的一片大湖。郦道元《水经注》："初，张仪筑城取土，去城十里，因以养鱼，今万顷池是也。"《太平寰宇记》："万岁池在成都府北八里，昔张仪筑城取土于此，因成池，后人呼万岁池。"《宋史·王刚传》也说："万岁池在成都府城北，广袤十里，溉三乡田。"然而，这里记载的万岁池，我认为并不是凤凰山和磨盘山之间的白莲池那片水域。凤凰山与磨盘山之间这个万岁池是唐代留下的，被后人穿凿附会成了先秦的那个万岁池。《新唐书·地理六》有记载：成都"北十八里有万岁池，天宝中长史章仇兼琼筑堤，积水溉田。南百步有官源渠堤百余里，天宝二载，令独狐戒盈筑"。唐代的万岁池离城十八里，而先秦的万岁池离城只有八里或十里。况且秦城比唐城

---

① 成华区地方志办公室编：《成华坐标》，新华出版社2015年11月第一版，第2-3页。

应该更小些，因此张仪的万岁池应该在今天一环路以内，到唐代时早就被淤塞填平了。而唐人的万岁池想必是承用了秦人的名称而已，却不料给后人造成了很大误会。《成都城坊古迹考》也认为："张仪取土所成之千秋等池日久渐湮塞，后人乃强指凤凰山附近之唐万顷池为《水经注》之万顷池或《华阳国志》之万岁池。"

唐代的万岁池水域与沙河是相通的。那么，有堤坝长达百余里的官源渠，会不会成为指代升仙水的另一个名称？这很值得专家们研究。

沙河历经凤凰水、油子沟、升仙水、沙水，或许还有官源渠等名称的变迁，最后成为今天的沙河，不仅意味着时代的推移，还包括时间所造就的沧海桑田的巨变。

沙河两岸鱼米乡

　　建设北路南侧和一环路东二段接壤的一片区域，是原国营第719厂的家属宿舍和猛追湾横街所在地，如今小区正在拆迁。几十年前这里还是一片庄稼地，我曾就读过的子弟学校就坐落在这田园的包围之中。校外的田野上沟渠网布，菜地成畦，一年四季有各种不同的蔬菜在田间地头轮番生长，最好看的是油菜花盛开的春季和水稻挂满金色颗粒的秋季，它们点缀在绿茵茵的菜地中间，我们穿行在田地中去学校，总能感到有种希望的力量或是丰收的喜悦。

　　1972年冬天，校外的河沟全部水干见底了，淤泥中困住了许多鱼虾鳝蟹，好多同学忘了上课，拿起筲箕撮箕不顾寒冷去到河沟里。我也没能经住诱惑，在小河里还抓到了一只至今都没再见过的大螃蟹：蟹脚张开足有洗脸盆那么大，蟹壳和两支大螯全长满了毛，可见它在这河沟里已经生长了许多年。河蚌比鱼虾鳝蟹还多，河底的淤泥里插得到处都是，人们下脚都难找地方，却没人要这些河蚌。如此众多的水生物，足见河沟水流丰富。在我记忆中，这条小河从未干过，常年都是流水盈盈。它在一环路边国光五层大楼（今建设中路）还有一道堰，我们夏天常常去游泳。

　　流经这里的小河就是从解放路一段小沙河左侧分流过了的东沟。东沟过了府青路后又分为"大河小河三道沟"，像扇面一样向东南面张开，猛追湾、建设路、新鸿路一带的农田都得到了沙河水的滋养。以前我一直存有疑问，府河近在咫尺，为何猛追湾的农田要从远处引水来浇灌？后来明白了，是因为地势的关系。府河左岸地势高，阻挡了河水流向；而沙河正好在城东坡地间穿行，靠地形就可以自流灌溉城东的土地。事实上，沙河与府河之间的农田绝大部分都是沙河水浇灌的。

　　沙河作为整个都江堰自流灌溉区的一部分，人们只需开挖引渠或简单建闸筑堰，便可使河水任意流向四面八方，润泽大地万物。正是这种灌溉的便利，使沙河两岸在很早就成了人类农业定居的理想地方。1979年3月19日，在圣灯村10组（今圣灯社区）出土了两具古蜀时期的无棺古墓，除了两具尸骨外，还出土了青铜剑、钺、带钩、青铜锯片，最重要的是发掘出了铁斧头、铁铲各一件。显然，铁斧头和铁铲不是武器，而是农业生产的工具。《成都文物简讯》1980年第二期有作者撰文："据有关部门考证，断定至迟为战国中晚期蜀文化遗物。"所谓战国中晚期，正是古蜀杜宇王朝或开明王朝时期，这两件铁制工具的出土，说明在两千多年以前，沙河已经有了十分发达的农业。而发达的农业生产必须要拜沙河水所赐。

　　"水利殖养其国"。沙河流过的地方滋养了成都平原一方十分膏腴的土地。从土壤看，沙河沿岸至府河左岸的广大地带，系沿岷江水系组成的河漫地带，千百年来的水流冲刷所带来大量沉积物，形成了厚厚的黑油沙土，抓一把都似要流油，而且土层深厚，土质疏松，自然肥力很高，适合种植各种粮食作物和蔬菜。便利的水源和肥沃的土壤，使沙河之滨成为成都市郊物产丰富的农业生产基地。除了产水稻、小麦、玉米、红苕等作物之外，沙河的土地更主要的是保证了一年四季有时令蔬菜源源不断地被送到市民的厨房。冬春的萝卜、油菜薹、莲花白、小白菜、莴笋、青菜、韭菜，夏秋的番茄、海椒、四季豆、茄子、黄瓜、豇豆、花菜、芹菜……实在不一而足。

　　左思《蜀都赋》曾描写成都农家："户有橘柚之园，其园则有林檎枇杷，橙柿楟榟，樆桃函列，梅李罗生。百果甲宅，异色同荣。朱樱春熟，素柰夏成。"扬雄《蜀都赋》也写道："黄甘诸柘，柿桃杏李，枇杷杜楟栗棦，棠梨离支，杂榳以橙，被以樱梅，树以木兰。"左、扬二赋中充满田园牧歌诗情画意的景象，在几十年前的沙河畔还几乎随处可见。现代著名作家李劼人先生位于菱角堰边的故居"菱窠"以前就菜畦满园，果木芬芳。沙河左岸的坡地，如凤凰山、塔子山、狮子山等一带相邻的地区属于红黄泥土，多由火成岩风化而来，土壤肥力虽稍差于黑油沙土，却含有丰富的矿物微量元素，适合林木、花卉和果树，尤其是禾科植物生长。民国时期，不少私家或大学的农场、果园、花圃、苗圃就集中在这些地方。即使在 20 世纪七八十年代，进城销售各种水果的农民，很大部分还来自东山。所谓东山正是沙河以东的大片地区。

非但沙河的土地万物生长，沙河本身还是一个天然的渔场。以前河面上经常能够看到如柳叶一样漂来的渔舟，鱼鹰傲立船舷，颈子上拴一根谷草，打鱼人一声吆喝，鱼鹰们一个猛子扎进河中，不一会儿就见鱼鹰衔着肥肥的鱼儿跳上船舷。沙河出产鲤鱼、鲫鱼、鲶鱼、草鱼、鲢鱼等，常常引来人们搬罾、撒网、垂钓。直到今天，沙河岸边的钓鱼人也不绝身影。每每夕阳西下，垂柳依依，头戴草帽的钓鱼人收拾起长长的鱼竿鱼线，带着满足的表情离岸而去，仿佛一幅消逝已久的画面又在沙河边展开来。

沙河流域也曾经有不少人工养鱼场，那些大大小小的堰塘星罗棋布散落在沙河两岸，塘中不仅种植莲藕、菱角等水生作物，也养殖鱼虾。白莲池、塔子山、杨柳店等地都曾经有大片的水塘。白莲池在 20 世纪 50 年代被建为成都渔场，每年都要向成都市面提供大量的鲜鱼。我在东郊工作期间，还与钓鱼协会的朋友们去这些地方钓鱼呢。

沙河两岸可谓名副其实的鱼米之乡！

沙河的农耕记忆

　　曾经作为郊区河流的沙河，今天在城市格局的新变迁中已经成为市区的河流。沙河的功能也从曾经的农业灌溉到工业用水，再到今天为市民提供休憩绿地和美化城市环境，实现了从物质到精神的又一次升华。

　　然而，当我们正在为沙河的新生和变迁兴奋时，蓦然回首，沙河两岸那成片的阡陌良田已被城市的公园、楼盘和道路占据。农耕已然成为历史，那过往中的古堰、水碾、筒车曾经是沙河流域农耕时代三大标志，如今只有在残存的地名和老人们的回忆中去追寻了。

　　2017年8月19日，我沿沙河去追寻古堰的踪迹，来到沙河下游五福街附近采访。沙河岸边公园里，乘凉和健身的人很多，问了七八个人居然不知道近在咫尺的洗瓦堰。我徘徊了好一阵子，终于见到一位八十多岁的老者牵了条狗溜达过来。老人姓兰，在沙河边住了四十多年，但他也不是当地土著，而是从城里搬家过来的。兰大爷对沙河还颇熟悉，从五显庙到万年场，从乌龟坝到五桂桥，侃侃而谈。对于沙河上哪些地方有堰，历数了多处，但堰名却没记住。对洗瓦堰，老人倒是十分肯定，手往沙河下游不远处一指："水闸上头一点以前就是洗瓦堰，早先那儿还有个鱼嘴。"[①] 至于为什么叫这名称，就不得而知了。

　　我按老人所指来到水闸，一位姓肖的工人正在打捞河上漂来的杂物。肖

---

① 鱼嘴，即古代无坝取水枢纽工程常用的形似鱼嘴的分水建筑物。鱼嘴修筑在河道江心洲或河滩滩脊的迎水端；其后部多与导流堤相连，一并起分水导流入渠的作用；鱼嘴布置的位置、导流堤的高低可大致决定引水量。都江堰水利工程从渠首到干、支、斗各级渠道多用鱼嘴来分水、配水。

师傅在这里已经工作九年，每天都要从河中打捞七八筐杂物，否则水闸就要遭堵住。肖师傅指着闸门上方一条小河说，这就是洗瓦堰。沙河上的闸门稍微一关，水位就提高了，多余的水就从洗瓦堰流走。我一看，果然有一道小河，沙河水正哗哗地向东蜿蜒而去。洗瓦堰的水一直流到三圣乡，至于为何叫洗瓦堰，肖师傅也不清楚。

沙河源头附近还有一座洗瓦堰。据成华区地方志办公室编辑出版的《成华史话》记载：沙河"起于成都市北郊洞子口，向东南流约三公里又分洗瓦堰、砖头堰。洗瓦堰是沙河干流，主要向成都东郊供水，为区内主要排水渠道，经驷马桥向东，穿越东郊腹地……"从这段记述看，此地洗瓦堰与下游那座是同名的。

而砖头堰是有史载的名堰，我在双水一带采访，人们对它的具体位置却各说不一，而且依然说不清楚名称的来历。老金牛区的新闻工作者郑光福先生这样解释道："以前砖在平坝少见，用砖垒堰很稀奇，所以百姓就叫它砖

▲ 洗瓦堰旁沙河上的水闸，工人在打捞杂物。　张义奇摄

头堰。"这是顾名思义还是望文生义，便不得而知了。其实沙河干流与支流上有很多这样的堰，即使如今还留下名称，由于时代变迁，人们已难以说清它的来龙去脉，

堰，是成都平原上一道独特的风景，是古蜀人的伟大发明，当然也是天府水文化不可或缺的内容。堰与堤坝不同的地方在于，堤坝是以"堵"的方式治水，堰则是以"疏"的方式治水。堰是在河道上采用较低的挡水建筑物提高上游水位，以达到蓄水灌溉和增强航运的目的。堰的最大特征是利用自然地形地貌来减缓流速或改变水流方向。举世闻名的都江堰就是古人治水所创造的一项伟大工程。这种技术不仅被古人运用在大江大河上，也被普及到了小河小沟上，由此才造就了成都"水旱从人"的丰饶原野。

沙河流域究竟曾经有多少座堰，又具体在何处位置，现在已经无法一一准确定位，但可以肯定的是，从沙河干流到支流纵横交错的水网上，有名字的堰和无名的堰，就像蓝色夜空中的繁星一样。始昌堰、砖头堰、洗瓦堰、卢家堰、乌棒堰、响水堰、豆腐堰、昭觉堰、鸿门堰、杨泗堰、官私堰（官和私二堰合一）、黑水堰、大包堰、关家堰、棺材堰、庞家堰、筲箕堰、莲花堰、王家堰、梁家堰、李家堰、张家堰、陈家堰、大关堰、小关堰、菱角堰、簧门堰……这些大大小小的堰，或以当地特征命名，或以筑堰人的姓氏命名。一般说，在沙河干流和较大支流上的堰，规模较大，非动用乡甚至以上政府的力量不能为之，一般不会使用姓氏命名，如砖头堰、洗瓦堰、柏贤堰之类；而支流上规模较小的堰，多为家族或个人出资所建，则常以姓氏命名。

现代人修筑的堰则在古堰技术的基础上融入了科技智慧。今五福桥下游两百余米望江宾馆内，以前有座柏贤堰。也是 20 世纪 40 年代建设的一座无须人力或电力控制的自动提灌站，因鱼嘴前有一株古柏而命名为柏贤堰。据《成都文史资料》1988 年第三期有关介绍，该堰由时任四川建设厅厅长兼水利局局长的河北衡先生主持建设。《成都沙河话古今》中收有萧汉堡先生一

篇短文《河上的水利灌溉工程》，记述了柏贤埝（堰）的工作原理："引水
渠位于沙河东侧，渠面宽约三米，水深约一米……为提高水位，横断沙河建
有一混凝土作墩的拦河坝，十余孔，孔宽约两米，置木制翻板闸门。……翻
板闸门……纯靠水力自动启闭。由于门的支点偏下，水少时，闸板借门的重
力和低水压力自动关闭；水多时，闸门又靠水流的动水压力自动张启。"

正是这些星罗棋布分散在沙河水网上的古今水堰，在农耕时代，把沙河
的功能发挥到了极致。各式各样众多的堰，通常是以灌溉田地为目的，然而
一旦田间地头遭遇暴雨洪水的侵袭，它们便成为引水泄洪的通道。所以，沙
河水网上的这些堰，可谓"东别为沱"理念在农业生产中的最直观、最具体
的实践。

然而，这些古代和现代的各种水堰，都随着河道的变化或城市的发展
隐退进了历史的帷幕之后。当然，也有一些堰是遭到人为破坏而消失的，譬
如，昭觉寺外著名的昭觉堰，就是在1941年遭遇日本鬼子飞机轰炸而毁灭的。
当地老一辈居民至今谈论起这件事还耿耿于怀。

除了堰，农耕时代的另一项文化标志是水碾。散落在沙河流域的水碾也
和堰一样星罗棋布。在没有电力的时代，古人找到了利用水能来为生活服务
的办法。用水的能量推动石磨、石碾，以此来碾米磨粉，既省事又省力，是
古人聪明智慧的创造。沙河流域的水碾，最著名的双水碾，如今已成为成都
城北一个街道辖区的名称。沙河在八里桥上游忽然遇到河心岛的阻隔分为两
条水道，两条水流至八里桥前又合二为一。于是人们称这一段地方叫"双水"。
因河水流至双水时，水流湍急，人们便在河道上建起了水碾。《成华历史文
化坐标》介绍："沙河水从西流来，流到这里一分为二成为两股水道。在没
有电动碾磨的时代，成都人就借用水力推动碾子。于是，当地农民分别在两
个水道上各建起一个水碾，一个水碾用以榨油，另一个水碾用以碾米磨面。"

成都另一处因水碾而名的便是一环路东三段和东四段交接处的一片区

域。今天此处已是繁华的城区，但曾经是沙河支流的故道。清同治五年（1867）在双林盘附近的沙河支流上，建起了一座水碾供附近村民打米、磨面用。因此地处布坝子到龙潭寺乡村小道上，人们便称其为水碾河。20世纪50年代东郊工业区兴起后，乡村逐渐变身为城市，水碾消失，河道被填平。但水碾的名称却留下来，直至今天。

沙河流域那些吱吱呀呀的水碾曾在过往的舞台上演奏过许久幸福动听的丰收乐曲，尽管如今它们早已退隐幕后，但我们仿佛仍能听到它们从历史深处发出的悠扬的回声。刘家碾、韦家碾、张家碾、庞家碾、罗家碾、杨家碾、曾家碾、阚家碾、马家碾、柳家碾、宋家碾、廖家碾、陈家碾……这些以百家姓为"姓"的水碾，在沙河流域几乎曾经随处可见，直到今天依然不时地出现在老人们的回忆文字中。

古堰、水碾还不是一幅完整的农耕图，还得加上筒车。

那昼夜不停转动着的筒车，是沙河上的另一道标志性的景观。

沙河虽然属于自流灌溉区，但左岸也有部分地势稍高的农田自流灌溉不到，如圣灯寺、狮子山等地方。于是，人们便在沙河上安装筒车从河中取水。

从建设路沙河大桥左岸往南至麻石桥，在沙河整治中分别建成了宏明路和光明路两条滨河路。这是以宏明无线电器材厂和光明器材厂两家以前在此地的军工企业命名的。工厂搬走后，这一带被开发成了住宅楼。大概新迁来的居民没人知道，他们所处的沙河之滨，在许多年以前，曾经鳞次栉比沿河排列着著名的十三架筒车。有人折算，"从这么深的河水里提水，要十辆人力水车分级提引才行，每辆水车需三人，三班轮流换需九人，一辆筒车日夜运作，等于九十人的劳动量；十三辆筒车如同千人昼夜车水。"[1]正是在这些筒车的旋转中，沙河水滋润着这一片曾经的田野。

① 冯广宏编：《成都沙河话古今》，中国三峡出版社2002年12月第一版，第122页。

筒车也是古人的伟大发明,是农耕时代的"水泵"。筒车,全称叫水转筒车,又名天车、竹车、水轮、水车。发明于隋朝,成熟于唐代,之后,它在中国广大的河流上转动了一千多年。筒车利用水流冲刷转动巨大的木轮(或竹轮),轮圈上斜装若干竹筒,木轮转至河中舀满水,待竹筒转至高处又将水倾倒进河岸上的水渠中,然后被引流到田间。唐人陈廷章有《水轮赋》:"水能利物,轮乃曲成。升降满农夫之用,低徊随匠氏之程。始崩腾以电散,俄宛转以风生。虽破浪于川湄,善行无迹;既斡流于波面,终夜有声。"清朝诗人刘全禄《筒车》云:"缚竹为巨轮,临河若有界。累石蓄水势,河势为之隘。周轮排短筒,俯吸仰而沛。夹岸饶农田,接竹引其内。曲曲赴沟渠,千亩俱所赖。人巧夺天工,挹注欣有代。舟行每眺望,旋转剧无碍。安能驾双轮,长剑倚天外。"

十三架筒车,何等壮观的一道景象!那巨大水轮发出的悠扬声音,犹如古人吟唱的诗歌,至今还在沙河上回荡。

从古堰、水碾、筒车,到工厂、车间、机器,再到公园、树林、绿地,历经沧桑,走过岁月,沙河从北一路流向南、向东流去,也从历史的深处流到历史的远方。它见证了古蜀大地的变迁,也目睹了天府文明的进步。

沙河还将流向一个未知却肯定更加美丽的明天!

沙河今生："八景"变"九景"

2006年，当地时间9月5日，澳大利亚昆士兰州，世界30个国家的河流项目汇聚在此参加每年一度的国际河流节。其中舍斯河流奖是河流节最重要的项目。此刻，二十余位来自各国的环保、水利专家正在对入围决赛的五个项目和澳大利亚河流项目进行最后评分。经过认真比对评选，来自中国成都的沙河战胜了最具有竞争力的法国德农河，获得了2006年的澳大利亚国际舍斯河流奖。沙河的综合治理成果得到了评委一致的好评，沙河成为发展中国家唯一获得这一奖项的河流。

中国内地成都市区的一条短短22千米的沙河，由此"流"向世界，成了一条著名的"国际河流"。

舍斯国际河流奖主要是为表彰政府在河流治理、城市安居、环境保护及可持续发展等方面所取得的成绩与经验而设立，评审标准非常高，此前我国还没有一条河流治理获得过该奖。其实在2005年，沙河就参与了该奖项的评选并成功入围，但当年与大奖失之交臂，次年最终如愿以偿。

21世纪初，当东郊的军工企业陆续搬迁后，成都市政府就展开了对沙河的新一轮治理。2001年正式启动，历时三载，耗资数亿元，对沙河进行了包括截污、防洪、绿化、道路等九大方面的治理与配套建设。2004年，沙河竣工后的当年底就获得了中国住建部的"人居环境范例奖"。

崭新的沙河治理突出了以人为本的理念，既保持沙河所蕴含的传统文化的精华，又与最新的国际环保理念接轨。在硬件上，新建桥梁16座；建设道路43公里；造园林30座，种花草310多万株，草坪21万平方米；绿化面积345公顷；绿化灌溉线44.44千米；设置照明灯具2.3万盏。景观建设方面，成都通过媒体向全球招标寻求景观设计方案。一时间，海内外专家学者和机构云集成都，拿出了各自不同的设计方案。经过沙河景观国际评标委员会对所收到的设计方案全面进行筛选，确立了"北湖凝翠""新绿水碾""三洞古桥""科技秀苑""麻石烟云""沙河客家""塔山春晓""东篱翠湖"八大景点。景点与绿地相互连接，犹如一线串珠，为成都这位"大美人"戴上了一条绿色的"翡翠项链"。

现在我们就从沙河源头向下游出发，去一路领略著名的"沙河八景"。

北湖凝翠

是沙河源头的景观，以茂密的植物体现了沙河的原生态。

北湖凝翠在城北洞子口沙河和府河的分流附近，包括沙河与府河所围合的一段湿地，占地面积 33.8 公顷。进水口两道闸门控制着沙河的流量。

景区内道路纵横，曲径通幽，浓阴深处有观水亭台，林木多黄葛树、银杏、竹类等，并有桂花、樱花、杜鹃等小乔木及蕨类地被植物。苍翠的绿色和五彩缤纷的花草装扮出了一片近水的"城市森林"。蜿蜒的沙河水岸线畔遍生着各种亲水植物，浮萍般围绕着河堤。

新绿水碾

沙河管理处位于园中。其建筑、绿化、雕塑，都表达了水的哲学主题，是沙河原生态与文化生态相结合的景观。

紧邻北湖凝萃下游的是新绿水碾，位于成华区双水村附近，市自来水二厂以北，成彭公路以东、大件路以南，占地面积 106.3 公顷。景点内有约 150 亩的升仙湖，是成都市西北部的大型开阔景观水面，与北湖凝翠景区的城市森林相呼应。景区其他部位散置多处小型湖泊，水中各种水生动物悠游嬉戏。

景区内有沙河监控中心，宛如蝴蝶也似贝壳的宏伟建筑，别致新颖。从50米高的观光塔上俯瞰沙河，如观赏一块巨大无比的碧玉，通体翠绿映入眼帘。双沙路侧大型音乐喷泉，每当音乐响起，被喷上数十米高的水花，犹如颗颗珍珠散放。

清澈的沙河水环绕着秀美的四季岛，古蜀文化雕塑展示着沙河悠久的历史；最富特征的是那个巨大的象形"水"字，仿佛在告诉人们沙河的重要，又似乎在提示水对于人类的重要。

三洞古桥

这是沙河历史悠久的象征，既表现了桥的历史，又用古桥的名义传达了沙河的古老与悠远。

三洞古桥西起三友路沙河桥，东至中三洞桥水闸，北以沙河为界，南至李家沱小区，占地面积约5.3公顷。

景区可一分为二，上游是三洞古桥，两岸每日茶客云集，是人们休闲的好地方。下游三洞景观桥，可让人们感受到成都平原悠久的桥文化历史。此外有水源广场、水渠、假山水池、方格水池、卵石驳岸等反映了古代成都人民治水的智慧和水利工程的伟大成就；中心广场的文化景墙镌刻的历史故事、历史典故，气势宏大，还有形式各异的喷泉，喷射出瑰丽奇异的水形，昭示着沙河水文化的丰富与多元。景区东侧有茶文化展示馆，室外广场的古今人物对话造型的茶文化雕塑，不仅体现川西悠久的茶文化，也表现了水与人们亲切的关系。

▲ 沙河源公园，塔楼是沙河监测站。　张义奇摄

科技秀苑

科技秀苑以沙河畔的电子科大为中心，寓意了现代科学给东郊带来的巨大变迁。

科技秀苑西起电子科大东院桥，东至建设北路踏水桥，北以沙河为界，南至电子科大校园，占地面积3.8公顷。

景区沿着电子科大东院校门铺开，整洁的河道，潺潺的水，高大的梧桐树，成行的银杏，依水的迎春藤，小巧的石头拱桥，都与大学校园的氛围十分匹配；中心广场简洁、明快的建筑体现着IT时代的风格；现代时尚的张拉膜演讲广场、钢架长廊，大型水幕投影数码喷泉及多彩涌泉让广场既丰富多彩又活力四射。游人除了可观赏奇妙的梦幻景象，还可参与景区内的灯光小品及显示屏活动。

麻石烟云

麻石烟云是一个富有诗意的名字。因为此段河道过去植物茂盛,乔木、灌木绿荫重重,加之河道连续弯道,每逢清晨、傍晚河面常常披上如白纱一般的轻雾,故而人们常以烟云笼罩来谈论这段沙河。

麻石烟云西起二环路麻石桥,东至光明器材厂,北以建设南路为界,南至杉板桥路,占地面积 23.8 公顷。

景区内有钢架长廊、旱喷广场、音乐喷泉广场等景观设施,表现出风格各异的风情,分别代表着东郊的手工业时代、钢铁、纺织时代及电子信息时代。景区中心保留 715 厂原来热处理车间的厂房,一度曾作为工业文明展览馆,陈列有反映工厂生产的过程,如车、钳、铣、刨、磨等工具和机器;厂房外,还留有一段铁轨,停着一辆废弃的机车,象征着沙河工业时代的辉煌记忆。

沙河客家

沙河客家突出的是沙河移民的史事,是对沙河两岸老居民的历史记忆。

西起多宝寺路,东至沙河,北以跳蹬河为界,南至成洛大道沙河桥,占地面积 8.4 公顷。

景区入口处在牛龙路边,按客家习俗建设的小青瓦房屋,古朴而典雅;展示客家文化的碉楼,陈列着客家人的曾经的生活用品和艺术品,包括工具、用具、衣物以及雕塑、绘画等作品;一堵长长的文化艺术墙浮雕,讲述了客家人五次迁徙的历史故事,也讲述了"湖广填四川"的移民史实;在沙河客家景点,还有五彩缤纷的亲水台、河岸观景连廊、河心喷泉广场;文化广场是景区最大亮点,水景门、客家文化展示厅、茶廊等都具有客家人的民风民俗特征。

塔山春晓

塔山春晓表现的是山与河的景色。沙河与山上的塔交相辉映，是东门外的一道胜景。

位于成渝高速公路五桂桥，以沙河为界两侧各 50 米，占地面积 9 公顷，塔子山公园就在其一侧。

景区以展示传统园林景观为特征，形成城市纵深的视线通道。具有中国特色的九天门（牌坊）、古雅高挺的九天楼居于景区的中轴线上，塔子山公园别致的风景环绕四周。

进入公园内大门后，若左拐后直走，经过九天门（牌坊），就来到高高的九天楼。若右拐后直走，会来到休闲区。这里有餐厅、茶园，还可来到河边与沙河水亲近。

东篱翠湖

东篱翠湖是沙河尾巴上最后一景，是沙河与府河相连接的三角洲湿地公园景观。

西起府河，东至老成仁路沙河桥，北以沙河 50 米为界，南至机场路东沿线，占地面积 9.8 公顷。

景区以沙河为界分为左右两部分，左侧部分以小沙河为景观轴线设置亲水平台、河道、人工湖泊等；右侧部分设置有观景台，为游人提供观赏两河合流的最佳视点，台上镌刻有成都市城市发展历程。景区设置钢结构人行桥，造型新颖现代，河口设有大型拱形喷泉生命之门。

以上是著名的沙河八景。除此之外，2018 年成华区又在沙河麻石烟云下游建成了另一处美丽景观，这就是媒体所称的：

沙河城市公园

这处新开辟的城市公园，是麻石烟云的延伸和扩大。

"沙河城市公园"位于麻石烟云沙河弯道下游，即沙河麻石烟云水闸桥与杉板桥路之间河道两侧，延续约1千米，占地面积7万平方米。园内设置总长约2100米的绿道，分为人行跑步道及自行车骑行道，宽度分别为2米及2.4米，是城市居民休闲、健身的一处胜地。

这一带以前是沙河的一般绿化带和部分荒地，树木杂草丛生，2018年2月起，成华区结合天府绿道的建设标准，将其整体打造成一个市政公园。由于城市公园毗邻东郊记忆，因此园区主题依然是以工业文明作为基本元素，以前工厂废弃的机床，经过艺术处理后，被安装在园区绿地上，成了具有东郊特色的工业雕塑，园区建筑外墙上也绘有鲜明的涂鸦式工业痕迹。工业主题中还融入了音乐内容。其中，一块7000平方米的可进入式大草坪。将来可供举办露天音乐会、文创产品发布、艺术沙龙等大型室外活动。另外园区内还设置有儿童活动专区，有小型无人超市、小新书屋等。

每当夜幕降临，当两万盏芦苇灯同时点亮时，人们才意识到沙河八景之外已经又增加了一景。我们有理由相信，随着城市的进步，沙河不仅会从八景变九景，将来还会出现十景、十二景。整个沙河就是花园成都的一道绵延的风景线。

以上是沙河沿线的自然景观和人文景观，涵盖了22.22千米的沙河全境。

两千多年来，沙河究竟历经了多少次重要变化，我们已经难以知道。但至少有三次人工的改变不能不谈及。第一次改变大约在晚唐或宋代，沙河由过去的升仙水变为沙水，河水源头从升仙山转移到了郫江，使之成为"东别为沱"的一道"新河"，从而保证了沙河一千多年"为有源头活水来"。这是自然地理上的巨大改变。第二次是在 20 世纪 50 年代，十万大军治沙河，淘淤泥，修河堤，建桥梁，种树木。实现了沙河亘古以来的角色身份转换，即由先前的纯粹农业灌溉转身为工业服务为主。这是经济地理上的改变。第三次便是 21 世纪初的再次华丽转身，沙河功能告别了农业和工业，成为美化城市环境的一条绿色长廊。这是人文地理上的又一巨大变化。

如果说沙河过去像个粗犷不羁的野丫头，那么，经过最后一次转身的沙河，彻底蜕变为一位温顺多情的姑娘了。她的美丽，她的芬芳，让古老的天府蜀都也不断散发出青春的气象。

羊子浮云

　　升仙水千年流淌，奔流不息。从北郊到东郊，环绕成都城一路向南，积淀出大片丰饶的原野，也滋养了文明与文化的生长。几千年蜀都文化历史都能在升仙水的两岸找到留痕。羊子山有一万年前远古人类留下的石器，有几千年前古蜀人的祭祀中心，有历代墓葬留下的丰富文物；凤凰山有神仙的浪漫传说，有年轻帝王的射猎记忆，也有现代中国的历史传奇；升仙水倒映着佛的光影，汩汩流波述说的是舍身求法的故事，传递的是心灵向善的信念。

　　文化浸染着羊子山的浮云，历史照亮了升仙的流水。

望乡台下的秘密

　　沙河从洞子口与府河分流后，向东南蜿蜒，在双水碾附近进入了成华区境内，再往南经升仙湖，便来到了闻名于史的驷马桥。在升仙湖与驷马桥之间，河道向南拐了一道大弯，左岸有一片三角洲地带。这地方如今是成片高低错落的商住楼盘，楼宇之间道路纵横，街面平整，丝毫看不到有"坡"的地面，更不见有什么山。然而这一带的街道恰恰多以"山"或"坡"来命名，如羊子山路、羊子山西路、洪山路、洪山北路、洪山南路、洪家坡等，公交车和地铁都有羊子山站，甚至路边的商店也离不开"羊子山"作店招。其实羊子山的道路都是随着近些年来城市扩大后新增才命名的。

　　道路的历史很短暂，但名称却大有来历，甚至可以用悠久来形容。这个能够有资格称悠久的地方的确就叫"羊子山"。羊子山在当地居民看来有大小之分，距离大羊子山以北约百米的一个小山丘，人们习惯叫小羊子山。可是，非常奇怪的是，这里既然叫作山，却又不见任何古籍记载。羊子山周围的学射山（即凤凰山）、磨盘山、天回山以及羊子山旁的升仙水、升仙桥均屡屡见诸史籍，唯独这羊子山不见记载。难道是历代文人疏忽，将成都北门外，川陕大路旁这么一座重要的山都遗忘了？当然不可能如此，结论只有一个，羊子山在古代根本就不是山，它仅仅是当地居民一个通俗的称谓而已。不过，百姓们既然称此地为山，至少说明这个地方与平原不尽相同，或许这里曾经有一片大土包。若照此理解，那么在古籍中就能窥见一些羊子山的蛛丝马迹了。明人曹学佺《蜀中名胜记》收录的几部古书都记载了一个叫望乡台的地方，其中《益州记》说："升仙亭夹路有二台，一名望乡台，在县北九里。"升仙亭是升仙桥两头的方亭。在秦汉时期，升仙桥有送客观，专供人们送别饯行用，司马相如题桥便出现在送客观。大概后来送客观坏掉了，人们便在升仙桥两端各建了一座亭，作为来往路人休息或送别的场所，李膺写到的升仙亭应该就是这两座亭。如今在沙河上游几里处新建了一座升仙桥，桥头两端均建有一亭，其依据来源估计正是《益州记》所载。李膺记载的关键一点是古升仙亭"夹路有二台"。古代的升仙桥即驷马桥并非在今天的位置，而是在羊子山旁，这个有一定坡度的羊子山极有可能就是夹路的"二台"之一。"台"，汉语的基本义项，第一是"高而平的建筑物"；第二是"公共场所高出地面的设施"。两个义项的核心都有"高"的意思，而且都是人工所筑。此处的"高"并非仅仅是高出地面的设施，因为已经有升仙亭在桥头，没有必要再搭一个平台建筑供来往人们迎送或休憩，唯一的解释是在更高的地方建有"台"。只有登高方能远望，也才能够"望乡"，升仙桥地处川陕道路要津，往北走便与成都渐行渐远了，所以离开故乡的人们，面对前路茫茫，都不免要登上望乡台向家乡成都作最后的惜别。若要能够望到成都城的这个高处极有可能是在高坡上，而这个高坡正是传说中的羊子山。

望乡台的记载在隋朝就有了。唐人卢求《成都记》云："望乡台，蜀王秀所作。"诗圣杜甫于唐肃宗乾元二年（759）冬经川陕路来到成都，升仙桥畔的望乡台给他留下了深刻印象，使他伤感地回想到"安史之乱"给中原故土造成的灾难。多年后，诗人已经离开四川去到湖南，在沅江的船上写《云山》一诗时，成都的望乡台再次萦绕在他的笔下："京洛云山外，音书静不来。神交作赋客，力尽望乡台。衰疾江边卧，亲朋日暮回。白鸥元水宿，何事有余哀。"因为杜甫笔墨渲染，古代成都的望乡台已经是一个鲜明的文化符号。

隋唐以降，除了有望乡台的记载以外，史籍中便没有羊子山的其他任何文字，而有关羊子山的称呼是从何时开始的，恐怕没有人能说清楚。老金牛区新闻工作者郑光福先生说："这个土丘为世世代代农民放羊的地方，所以就被叫作了羊子山。"但至少可以肯定在清光绪以前，成都还没有叫羊子山的地方。若真是有这个地方，那么在地图上必有所记载，光绪五年（1879）的成都地图上已标注了驷马桥、昭觉寺的位置，但没有羊子山；光绪二十二年刊印的《重修昭觉寺记》中所附录周边地形图，虽然出现了"羊"字，但叫羊鹿山而非羊子山。

羊子山在沙河之滨、平原之上突兀而起，其地形实在有些奇特。可是千百年来从未有人深究过它的来历。羊子山曾经的神圣光环被淹没进历史的帷幕实在是太久远了。直到 20 世纪中叶的某一天，历史的天窗终于开始透露出一线亮光，随后光照逐渐拉开，羊子山本来的面貌便日渐清晰起来。

1953 年，成都市区东北郊开始兴建一些工厂，某砖厂便在此山取土烧砖，连续挖土三年，将原来高大的土山不断缩小，到 1956 年，土山已经被削成残高只有 7.5 米，面积仅剩 40 余平方米的小丘。就在继续取土时，忽然发现了一段石壁，经考古工作者继续发掘，一座人工所造的高大土台建筑逐渐显露出面目。其实早在 1953 年，羊子山地区（即小羊子山）就发现了 1 号东汉墓，并从中发现画像石两段。这是成都市发现的画像石中画面长度最长的一幅。两段画像石分别镶嵌在墓中室的两壁，右壁画像石全长 6.04 米，高 47 厘米，雕刻有车马出行的图画。画面中共有轺车 12 辆，四马主车一辆，仪仗队中共有骑吏 34 人、鼓吹骑士 6 人、步行随从 18 人，有马匹 56 匹、80 余人。左壁画像石全长 5.2 米，高 47 厘米，画面紧接右壁情节，刻有乐舞宴饮的图画。画面中共有 30 余人，主客同席同饮，场中乐舞百戏，精彩纷呈。画像石的雕刻工艺精美，布局合理，具有很高的艺术价值，为研究古代成都社会生活和礼仪制度提供了重要参考。

1954 年，羊子山又发现了西汉墓葬群，出土汉墓 10 座。西南博物院成都羊子山工作组对墓葬进行了清理。10 座西汉墓均为南北朝向，墓坑为长方形，长约 4 米，宽约 2 米，墓坑深约 3 米，部分墓坑内有椁室，有两座墓内发现遗骨，其中一座为双人合葬墓。从随葬物品看，除了陶制的生活用具以及五铢钱等货币，另有刀剑等武器，墓主生前或许是尚武的贵族。

1955 年，西南博物院成都羊子山工作组对羊子山 172 号战国古墓进行了清理。出土文物中玉器占了很大比例。既有用作礼器的玉璧、玉环，也有玉髓、玉瑗、玉簪、玉觿等饰物和漆奁等生活用具以及金银制品。玉璧有 1 件，位于人骨腹部，碧绿色，上刻谷纹，裂为两节。其外径 14 厘米，内径 4.1 厘米，呈扁圆形，中有圆孔，为谷壁，是古代贵族用于朝聘、祭祀、丧葬的礼器。玉瑗有 1 件，出土于玉璧侧，亦为谷纹，色泽黄白，外径 8 厘米，内径 5.6 厘米。古有执瑗招呼邀请他人，以示诚意的礼节。出土的玉环共 3 件，两件于腹部，1 件在身侧，均刻谷纹，色呈黄白，略带青斑。玉觿有两个，置于头骨侧，均为鱼形。其雕工精湛，两面刻有鱼眼和鳍纹，嘴后刻一小孔。这是古人用作解绳结的工具。一般百姓使用骨角材料的觿，能够使用玉觿者非富即贵。一并出土的还有一颗珍贵的琉璃珠。发现时位于人骨之中。珠身高 1.8 厘米，外径 1.8 厘米，内径 0.7 厘米，通体蓝色，中有穿绳的小圆孔，表面有方格纹路，是为当时珍稀物件。

另外，众多出土文物中，漆器的数量也较多。这种漆就是现在我们所说的土漆。此次出土的漆器大多位于椁的东段，其中有一个圆形漆盒保存较完好。盒内存有漆奁 1 件、绿松石 1 个、圆形玉饰 6 个。出土的金银制品中有金块两个、银盘 1 个、银环 3 个、银管 194 根。金块 60.8 克，纯度达到 94%。可见成都的黄金冶炼技术早在两千多年以前就已经达到较高水平。银器制作也十分精湛，显示出极高的工艺水准。

1956 年 3 月，西南博物院同四川省文物管理委员会再次有了惊人发现，一座人工建筑的三级四方土台遗址被正式发掘出来。遗址人工土台高达 12 米，土台中心 31.6 米见方，基础一级每一边长 103.6 米左右。三级台阶采用砖坯砌成围墙，然后层层夯土，层层上收；每级台阶高约 4 米，台坡斜长约 5.5 米。羊子山土台的三级四方形制与三星堆遗址二号坑出土的青铜大立人，即古蜀王国政教合一的首领塑像的三级四方形基座，形制上基本是一致的；而青铜大立人的三级四方基座，可以说正是羊子山土台大型祭台的微缩。不仅如此，考古人员还惊讶地发现，羊子山土台的设计的方向是北偏西55°，三星堆两个祭祀坑的方向同样也是北偏西55°，可见羊子山与三星堆在文化上所具有的深刻联系。

　　考古人员还在土台台址下层南角1—1.2米深的灰黑色腐殖土中发现5件打制石器，平均长度8—11厘米。清理报告指出，遗址的地质年代在1万年以下，出土的打制石器制作风格与在资阳县发现的鲤鱼桥文化时期石器有相似之处，属于旧石器时代的遗物，即公元前1.3万年至公元前1万年之间，说明早在1万多年前成都平原就已经有人类活动，沙河两岸由于地处平原与浅丘台地交汇地带，不仅取水方便，而且居所又相对安全，不易受洪水侵袭，更是古人类理想的栖息之地。因此，羊子山早期遗址也成为比新津宝墩、广汉三星堆、成都金沙等遗址更古老的古蜀文化遗存。

▲ 20世纪50年代发掘羊子山的情景　郑光福供图

羊子山土台台址上层出土的陶器、石壁等文物显示，筑台前未被扰乱，其年代早于土台。所出灰色细砂页岩石壁与广汉三星堆遗址出土文物相近，时代为新石器时代晚期至夏、商时期，距今4075—3765年。这批文物将蜀人原始文化的源头向前推移了1000余年，可称为"早期古蜀文化"。

"国之大事，在祀与戎。"上古时期，国家的大事只有两件，即祭祀和征伐。尤其是祭祀，与人们生活的所有方面都有联系，在古人看来，天地万物都由神灵主宰，祭祀就能求得神灵庇佑。据专家考证，羊子山土台正是古蜀人用于与神灵沟通的祭台，是古蜀人观天、祭祀的神圣地方。羊子山祭台兴建的时代上限在商代晚期或商周之际。上古时代，祭祀台是国家的象征，文献中就记载有夏有均台，殷商有鹿台，西周有灵。春秋战国时代，高台建筑更是蔚然成风，晋灵公筑九层台，楚灵王筑章华台，燕昭王筑黄金台，吴王夫差筑姑苏台等。

羊子山祭台的修筑，与中原国家广泛筑台的时间应是一致的。这一时期正是成都平原上的鱼凫王朝末期或杜宇王朝早期。鱼凫和杜宇是继蚕丛、柏灌之后的两代蜀王。鱼凫以三星堆为都城，留下了辉煌的三星堆文明；杜宇，号称望帝，是古蜀一位擅长农耕的首领，也是在成都第一个称帝之人，都城在郫邑（今郫都区），其势力范围"以褒斜为前门，熊耳、灵关为后户，玉垒、峨眉为城郭，江、潜、绵、洛为池泽，以汶山为畜牧，南中为园苑"。几乎包括了四川大部和陕西、贵州、云南的一部分，是西周时期雄踞西南的大国。三星堆、金沙遗址中都留下了杜宇时代的痕迹。大约公元前7世纪，川西突发大洪水，杜宇不能治，政权遂为开明氏取代，至开明九世迁治成都。这个时期，蜀地开始广泛接受秦、楚的先进技术，社会生产力突飞猛进，古蜀文明步入辉煌时期。羊子山祭台遗址的发掘为研究古蜀王国的历史提供了宝贵资料。

羊子山在经历了古蜀国家祭祀中心的庄严与神圣后，到蜀国灭亡时已辉煌不在，逐渐废止成为一个荒凉的土坡，这可能正是古籍中不见记载的缘故。

若古蜀有文字记载，羊子山祭台可能会有一个响亮的名字。

20世纪50年代以后，羊子山陆续发现了战国、秦汉、魏晋及唐、宋、元、明各个朝代的墓葬211座，出土了大批珍贵的历史文物。可惜的是，由于当时人们文物保护观念不强，羊子山祭台最终没能保存下来，因砖厂不断取土烧砖，到20世纪60年代，土台基本被削平，后来土台遗址上又建起了一个汽车修理厂，再后来土台遗址便湮没进了高楼大厦的地下，只剩下"羊子山"的名称可供后人怀想。

成都羊子山祭台的本来面貌虽然已经消失在历史的长河中，但经过考古工作者和文化学者们的努力，总算弄清了它的规模、形制，因此复制一个古蜀人的祭台是完全不成问题的。事实上一座仿照古代羊子山的现代祭台已经在异地落成了，这就是祭祀治水英雄的大禹祭台。

从成都驱车向西北行驶100多千米，来到汶川县的绵虒镇，在该镇的岷江左岸的大山下，有一个恢宏的大禹广场。这是2008年汶川特大地震后新

▲ 汶川绵虒镇依照羊子山土台建的大禹祭台　张义奇摄

建的一处文化景点。虽为新建，但文化氛围浓郁，又气势磅礴，每天都有游客来此观光。大禹广场从岷江拾级而上，在高山旁的一匹小山顶上，背靠高山，脚踏岷江，站在广场上可看见古老岷江激荡蜿蜒，也能望到现代高速公路伸向大山深处。岷江上游是大禹治水的起点，在此地兴建大禹广场，既有开发当地旅游的需要，更有铭记历史崇尚中华文化的意义。整个广场由大禹纪念馆、大禹塑像、大禹祭台等几部分组成。其中大禹祭台就是一座具有上古形制的祭台。祭台为一个63米见方的坛场，是公祭大禹的场所，祭坛中心是一个三层的祭台，仿照成都羊子山土台形式而建。祭台上圆下方，寓"天圆地方"之意。坛区共设"九鼎八簋"，系仿出土商代晚期青铜器，有禹"铸九鼎定九州"以及祭祀先祖的意思。其中一鼎设于坛顶之上，其余分设坛下四周。坛顶另设西周青铜器仿制品"遂公盨"，用来放置大禹祭文。"遂公盨"所刻铭文涉及"大禹治水"，是大禹治水最早的文物例证。祭台正前方的地面刻有《山海经》中一段文字，记载禹迹所至及"天地之所分壤树穀"。坛场前方两侧分别设有汉式黄钟大吕亭各一座，置钟吕、乐器于其内，用以祭祀。钟吕亭后分别设置日晷和经书石碑。经书石碑刻有《尚书·禹贡》，北宋程大昌的《禹贡山川地理图》和清代胡渭的《禹贡锥指》。祭台正中采用五色土铺装，寓意"普天之下，莫非王土，帝王一统天下"。

岷江畔的大禹祭台虽然是祭祀大禹的，但因其形制仿照的是羊子山土台而建，也算让我们领略了羊子山曾经的恢宏气势。如此高大肃穆的祭台，在当年成都平原的升仙水畔该是一座多么令人瞩目的神圣建筑！

专家说，羊子山是成都上古时代的礼仪中心，真是没错的。

从升仙山到凤凰山

如果说羊子山是一座人造的"假山",那么位于羊子山北面数公里的凤凰山则是一座实实在在的自然山头。凤凰山虽不高,却是成都平原上岷江与沱江的分水岭,而且还曾经是升仙水,即古老沙河的源头,至今还有凤凰河与沙河连接。因此,凤凰山在成都城市的自然地貌上显得格外重要。或许正是这一特殊的地理形势,造就了凤凰山丰富的历史人文内涵。梳理沙河之滨的人文历史,除了羊子山曾作为古蜀人的礼仪中心并且有历代的文物出土外,就要数凤凰山的历史文化最丰富了。

凤凰山的名称起源于何时很难说准确,可以肯定的是时间并不太长,应该是晚清以后的事,光绪年间(1875—1908)修订的《重修昭觉寺志》所附录的地形图开始将古籍中描述的升仙山标注为凤凰山。这个名称的由来没有玄妙的含义,纯粹是从山形的自然走势上命名的:凤凰山有两个呈南北走向的山头,两山头之间首尾相顾,远远望去,犹如翘首的凤凰,因而有了这么一个美丽的名称。

凤凰山在一望无际的成都平原上突兀而起,实在堪称是个另类。于是在不同时期,人们对它产生了不同的审美期许,因而它也有了若干的名字。每一次名字的变化,都包含着某种历史文化的变迁,从而丰富了凤凰山作为历史名山的文化内涵。凤凰山之前,它的名字叫威凤山。据清人陈祥裔《蜀都碎事》引《神仙传》的记载:"威凤山在府城北,一名小蓬莱。上产灵药,乃张伯子得道之所。"《神仙传》是东晋道教学者葛洪创作的一部志怪小说。可见在东晋时候,凤凰山已经被叫作威凤山了,在道教人士眼中,这是一座神山,因此还给起了另一个名称叫小蓬莱。陈祥裔把凤凰山与大邑县的鹤鸣山、甘肃平凉的崆峒山并列在一起，足见凤凰山在道教中的分量。只是这威凤山之名是如何来的，史料中没有说明缘由。山形似凤凰，而凤凰本是吉祥而灵秀之物，又突兀地立于平川之上，总会给人留下巍峨之感，或许这就是"威凤"的来历吧。当然这只是我个人的臆想而已，没有史料依据。

倒是威凤山上出产灵药的记载，使人联想到这座神山的另一个名称——斛石山（又名石斛山）。宋代地理著作《太平寰宇记》云："学射山，一名斛石山，在县北十五里。"古时候的凤凰山植物茂盛，动植物资源丰富，是成都北门外十分难得的一块葱郁的小山，山中生长有不少中药材是肯定的，石斛就是其中的一种灵药。或许正是此故，唐以后古书多称其为斛石山或石斛山。

不过，在史书中频繁出现的还是学射山和升仙水这两个名字。学射山的得名与三国时期蜀后主刘禅有关。东汉建安十九年（214），刘备赶走刘璋，正式入主成都，中国历史由此形成了魏蜀吴三国鼎立的时期。刘备在成都登基称帝后，立刘禅为太子。古时候对贵胄子弟的教育十分重视，其中儒家所强调的"六艺"，即礼、乐、射、御、书、数是必修的课目，"射"是六艺中的一项，是作为皇帝接班人刘禅必须要学会的技艺之一。因此，蜀国专门将城北的凤凰山作为刘禅练习射猎的皇家苑囿。三国时期蜀国的凤凰山，想来不仅有练习骑射的"靶场"，更有直接射猎的狩猎场。凤凰山因为后主刘禅青年时代在此练习射猎技艺，于是民间开始将此山称为学射山。

学射山是刘禅的山，在唐、宋、元、明几朝的地方文献中多以"学射山"记述。推测起来，最早有这个称呼应该是在晋代以后。由此也可以看出，古代成都人民对后主刘禅是有怀念之情的，刘禅并非小说中贬谪的是"扶不起的阿斗"。

名学射山之前，凤凰山还有一个更早且颇有几分飘逸的名字叫升仙山，甚至从山中流出的河水也被称为升仙水，水上的桥也被称为升仙桥，可见"升仙"名称的响亮。

升仙自然又是道教的称谓。成都是中国本土宗教道教的发祥地。东汉顺帝汉安二年（143），沛国人张道陵来到四川大邑鹤鸣山，创立了道教，自称"天师"，所以民间又称道教为天师道。道教信众入教须缴纳五斗米，故又叫五斗米道。东汉末年，天下大乱，张道陵子孙及其道徒趁机发展教众，使道教得以广泛传播，并一度形成了以张鲁为首割据一方的重要军事力量。道教经范长生传道，又成为割据成都的成汉国的国教。至隋唐，道教得到了中原王朝的支持，进一步发展壮大。此时，原本作为道教发祥地的成都及其周边地区，更是宫观林立，呈现一片繁荣昌盛的景象。至真观、严真观、玉局观、青羊宫、紫报观、鸿都观、庆都观、仙居观、度人观、朝真观（又名乘烟观）、金乌观、兴唐观、常道观、太清观、建福宫、老君观、崇真观、鹤鸣观等等数十座道观陆续兴建起来。

在这些众多的道观中，至真观是兴建时间最早、影响也最大的道观。至真观的位置就在升仙山上。

至真观之所以建在升仙山上，与汉代张伯子在此修道并升天的传说不无关系。张伯子这个人虽然得道成了神仙，但是在道教中却可以说是个无名之辈。葛洪著《神仙传》十卷，共讲述了九十二位古代传说中的仙人，其中并没有张伯子这个神仙。成都民间传说张伯子在东汉或西晋时在升仙山得道上天的，却不知何故没能班列葛洪的神仙谱系之中。

但是不管怎样，升仙山是因张伯子而名的。山不在高，有仙则名；水不在深，有龙则灵。隋唐时期的升仙山，可谓成都一座显赫的神山！

2017年夏天，我曾数次登临凤凰山。山不高，徒步登顶不过20分钟左右。站在山顶，满身携带的酷暑除祛了一半，眺望远方，顿有心旷神怡之感。城北大片新建的城区，林立的高楼都在脚下，高速公路上往来的车流如爬虫疾走。凤凰山的确是成都北门外一个风景优美的好去处。山上如今有两座庙子，一座叫金泉寺，又名尹公祠，原来是明蜀王朱椿为纪念被冤杀的尹姓太监而建的寺庙，地址在金牛区土桥镇。因城市建设需要，金泉寺2015年被整体搬到凤凰山上，目前寺庙建筑尚未完全竣工，因此还没有对外开放。另一座就是至真观。如今的至真观是1996年因府南河整治，由下南海道观和关帝庙合并后迁上凤凰山，与山上的白庙子合并，三庙合一，取名为南海凤凰道观，2011年正式更名为至真观。

至真观才是凤凰山道观的本来名称。西晋孝武帝执政时期（373—384），曾下令益州牧在学射山建道观，弘扬道教。至隋代，学射山上道教活动已经很成风气。据《隋书》记载，始建于开皇二年（582）。由隋文帝下诏，"于益州创建至真观一所，以供三清"。于是，隋蜀王杨秀命人在学射山上建了道观，名至真观。宫观建有老君殿、三尊殿、天宫、仙居珠庭、讲堂、斋坛、房廊门宇等诸多宏大的建筑。此后，每年三月三日，成都四邑居民，到此祈神求福；文人墨客、太守及各级官吏争相朝拜，旌旗延绵三十余里。

可是到隋朝末年，社会动荡不堪，蜀王杨秀也无法顾及至真观了。至真

▲ 凤凰山至真观　张义奇摄

观便开始衰落。进入唐代后，至贞观（627—649）末年，益州刺史、驸马都尉乔君表请广汉道士昭庆法师为至真观主。昭庆法师"升堂慷慨，吐纳玄科，摄斋嘹亮，分明紫沫，入其门者，披烟雾于九天；闻其音者，听咸韶于三月。由是户外之履，鱼贯江水；堂下之宾，雁行关塞，黄老之学，复于今矣。法师出家入道三十余年，弟子所得衬施，不可称量，尽入修营，咸供众用。巾拂之外，余无所留，凡所经过，洪济多矣。"看来至真观在唐朝得以重放金光，多仰赖于昭庆法师大德。后来法师寝疾，由其弟子黎元兴继任观主，继续加强宫观建设。据《录异记》称："成都至真观道士黎元兴，龙朔中于学射山创造观宇，夜梦神人引升高山大殿之中，谒见黄老君，身长数丈，髭须皎白，戴凤冠，著云霞衣。侍卫十余人。顾谓元兴曰：'吾近有木材可构此观，无烦忧也。'如此数日，有人于万岁池中乘舟取鱼，忽见水色清澈，池底大木极多，以告元兴，元兴令人取之，得乌杨木千余段，至有长百尺者，用以起观，作黄老君殿，依梦像塑之。又制三尊殿，下及讲堂、斋坛、房廊门宇，皆足用焉。"拨开记载中神话的部分，我们看到，唐代的至真观经过两代法师的经营，终于建成了这座西南地区规模最大的道观。"初唐四杰"之一的著名诗人卢照邻在《卢照邻集》中也记载："至真观者，隋开皇二年所立，有天尊真人石像，大小万余驱，石坛三级，周回百步，铜钟一口，重七十斤。"由是可见，隋唐时期的至真观因为有皇家作后盾，一时间可谓香火鼎盛，信徒众多。升仙山也由此步入了历史上最热闹的年代。

　　至真观历来有祈乞田蚕的传统风气。唐高宗时，至真观道士王晖"好为人相蚕种，遥知丰损"。杜光庭在《神仙感遇传》中记载："学射山通真观蚕市，是日营设大斋，祈神求福，人物喧阗，蜂拥毕至，从而蚕市大兴，每年相袭。"养蚕抽丝织锦是远古中国人的发明，丝绸之路的形成正是以这一智慧性创造作为物质基础的。四川是丝绸的发源地，而蚕市，也是古蜀国留下来的传统，是持续数千年的一项重要农事活动。到了隋唐，蚕市得到极大繁荣。《方舆胜览》云："成都古蚕丛之国，其民重蚕事，故一岁之中，二月望月，鬻花木、蚕器，号蚕市。五月鬻香药，号药市。冬月鬻器用者，号七宝市，俱在大慈寺前。"唐代官员、诗人，如宋祁、田况等都写过大慈寺雪景楼前蚕市的繁荣景象。殊不知，至真观也有一个繁华的蚕市，而且王道士有本事相蚕种并预知丰损，这对于当地的蚕农们来说，无疑是一个巨大的福音。

北宋时，至真观一度更名为通真观，并且新建了张仙祠、道宫斋馆。到南宋，通真观毁于蒙古军队战火。时任住持道士邓处厚力图重现隋唐辉煌，邓道士得到了一位名叫真人罗赤脚的鼎力相助，至真观获得了一定程度中兴。然而，正如任何繁花都有凋谢寂寞的时期一样，至真观也不断经历着它的兴盛与衰落，到明朝末年，战火再一次将其焚毁，直到它在升仙山上消失了 300 多年后，才在当今恢复了一点儿元气。但今天的至真观早已不可与当年的至真观同日而语了。

回头再说升仙山。

古代的升仙山不仅是道教风水学上"倨而侯，揽其有，来积止蓄，冲阳和阴"的"山川融结奇秀之所"，也是世俗之人趋之若鹜的"龙脉宝地"。几十年来，陆续有古墓葬在凤凰山被发掘出来。1958 年 12 月，四川省博物馆在凤凰山龙家巷发现了西汉后期贵族的大型木椁墓。墓坑上口长 8 米、宽 6 米；有 7 级阶梯；坑内棺椁为内外木椁，椁室上部夯土，外椁四周填有白膏泥。出土了一批陶制随葬品，其中有罐、灶、井、鉴、钟、钵、俑等陶器；此外还有木俑、木制动物与生活用具。1983 年，成都市文物考古队在凤凰山园艺场又发现西汉中期木椁墓。墓坑为长方形，四周和底部用白膏泥与黄泥混合填埋。墓室分为两层，上层是椁室，下层是底室。底室架设有三根横木，隔为四室。有木棺椁两具。随葬了一批陶制瓮、罐、盆、壶以及漆器等物品。漆器有彩绘中小漆奁，中型漆奁盖直径 28.5 厘米，厚 1 厘米，内底红漆，上为黑漆描绘的云纹和鸟头纹，外刻有羽毛纹。小型漆奁木胎黑漆，上用红漆绘云纹，中间彩绘朱雀。其工艺精美，体现了西汉时期漆器艺术品的高超成就。

1983年考古人员还发掘了一座东汉墓葬，出土的一批铁器引起了专家的极大兴趣：其中两把环柄铁刀，都带有刀鞘，上裹绢布，被认为是汉代赠送师友的珍贵礼物。《汉书·文翁传注》："刀凡蜀刀，有环者也。"据史载，蜀刀当时价格昂贵。《汉书·酷吏传·杨仆》："欲请蜀刀，问君贾几何，对曰：'率数百。'武库日出兵而阳不知。挟伪干君，是五过也。"《魏书·高允传》："特赐允蜀牛一头，四望蜀车一乘，素几杖各一，蜀刀一口。"西汉时，蜀郡守文翁在成都兴学时，曾派遣大批学生到京城长安求学。这些学生携带的礼物就是蜀刀。两汉时代的蜀刀天下闻名，成都是蜀刀的原产地，东汉朝廷专门设置工官进行管理，从而把蜀刀的锻造工艺提高到了新的水平。凤凰山东汉墓中出土的蜀刀，以实物证实了史书中的确切记载。

1986年，成都市博物馆考古队再次在凤凰山园艺场发现一座新莽时期的西汉墓。墓葬封土高约7米，为长方形单室砖拱墓，长4.2米，宽1.95米，高1.85米；墓壁用方砖堆砌，采用单层错缝叠砌工艺。墓底用泥土夯实，中部微微隆起；墓顶用扇形砖砌成，采用单层横联券拱工艺。估计文物多被盗劫，仅仅出土17件泥质灰陶，一把木柄铁刀以及"大泉五十""货泉"字样的若干铜钱。

明初蜀王朱椿之子朱悦燫的陵墓也选择在凤凰山南麓。1970年，考古工作者发掘了朱悦燫墓，当年曾经引起一阵轰动。2018年3月14日，我与作家冯荣光、王菱专程探访了这座明代王陵。在北新干道凤凰山公园南大门西侧，有一个深红色的木牌标识，上有朱悦燫墓简短的文字介绍。标识牌后有条土路直达一片蔬菜地。在菜地东边有一农家小屋，白色的墙上写了几个字"金牛文管所"。守墓者是个中年人，名赵碧林，并非本地人，而是受金牛区文管所聘请，来此一边种菜一边顺带守墓。我们说明来意，老赵很爽快就开门让我们进墓参观。墓道的正门湮没在杂草灌木丛中，考古人员在墓道旁边开了一道侧门。进入墓室，当灯光照亮时，我们几人不约而同一声惊叹，这地宫太豪华了！墓室规模宏大，完全模拟王府形制建造，走过大门、二门后是正殿，两侧为左右两厢，再后为中庭、圜殿，后殿为陵寝。墓室装饰为仿木结构建筑，细节装饰尤为华贵；石门和地面砖均有花纹，非常精致。地宫的富丽堂皇程度，与地面的蜀王宫殿并无二致，唯一的差别可能只是规模稍小而已。朱悦燫生前虽然未及登上王位，但俨然以王的规格下葬，让他在另一个世界能享受王的荣华富贵。

地宫建筑虽穷极豪华，但所有文物均被清空了，完全是一座空墓。我抬眼一望，顶上一个巨大的盗洞就在椁室上方，直径至少有一米多。盗洞是何年何月由谁打的不得而知，其定位之准，足见摸金校尉[①]绝非一般蟊贼所

▲ 朱悦燫墓地宫一角　张义奇摄

---

① 摸金校尉：系三国时期魏国设立的官职。为筹措军费，曹操专门设置发丘中郎将、摸金校尉的官职，负责组织盗挖汉墓。后人即以摸金校尉雅称盗墓贼。

能比。出了地宫，老赵告诉我们，还有一个盗洞在地面上就能看到。果然，我们在杂草丛中看到了一处未填的盗洞，可能是当年盗墓贼打歪了的，又抑或是另一伙盗墓贼所为。墓背上面的灌木中立有一长方形红砂石碑，书有国务院全国重点文物保护单位标志。

朱悦燫（1388—1409），是朱元璋第十一子蜀献王朱椿的长子，死于永乐七年，死后谥号悼庄，称悼庄世子。因此，人们习惯把凤凰山蜀王陵称为蜀庄王陵。查阅资料，蜀庄王陵与同时期其他明蜀王陵形制相近，规模却最大。墓室坐东北朝西南，方位为南偏西 55°；全长 34.7 米，高 1.5—2 米。20 世纪 70 年代发掘时，曾出土了 550 多件陶器、铁器、玉器等随葬品，其中以 500 余件釉陶制作的仪仗俑最为珍贵。目前在四川博物院可以看到这批分为文官俑、武士俑、乐俑、仪仗俑、侍俑等五大类别的陶俑。它们形象生动、制作精细、色彩艳丽，被誉为明初时期陶制工艺的精品，比较全面地反映了元明之际，四川及成都雕塑艺术的发展水平。由于五百陶俑的排列位置在发掘之前一直保持有序状态未被破坏，它们也成为反映明朝初年亲王仪仗制度的重要历史资料。而朱悦燫墓地宫的格局，也为研究明初亲王陵墓制度以及古代建筑史提供了珍贵资料。

2013 年，朱悦燫墓被列入国家重大遗址保护规划成都片区的一部分，并且已规划了凤凰山朱悦燫墓片区古遗址公园。

离开朱悦燫墓，同行的老冯提了个有趣的问题，朱氏蜀王的墓地多在十陵，为何唯独朱悦燫要埋在凤凰山呢？朱悦燫本应承袭为第二代蜀王，但他只活了 21 岁，尚未承袭王位便死了，只得由他的长子靖王朱友堉承继，可是朱友堉仅仅在位 6 年也去世了，王位再传给其弟僖王朱友壎，然而朱友壎仍然没有活过 27 岁。几位蜀王的英年早逝，使蜀王府不能不充分考虑堪舆家意见，于是做出了"子远父陵"决定，所以从朱友壎开始，蜀王陵墓便重新选定在了东山。

老冯的观点很有道理。但我又想,朱悦燫之单独埋葬在升仙山,会不会是因为他的父亲、第一代蜀王朱椿是个道教信徒呢?朱椿痛失自己的继承人,深信其爱子是和张伯子一样得道升天去了,所以把他的陵墓故意选择在了升仙山。当然,这只是一种臆测而已。

无论升仙山、学射山,抑或是凤凰山,皆由于此山的名声,在成都人眼里已不是一座孤立的山头,而是成都北门外一带的人文地理坐标。如今金牛区与成华区交界的这一片地方均被冠以“凤凰山”的前置,于是山下的飞机场被叫作凤凰山机场,当地人称为凤凰山飞机坝;有军队驻扎的地方则称之为凤凰山兵营。

凤凰山似乎自古以来与军队有缘。古代时它是城北的制高点,可阻挡从川陕路或沿沙河溯流而上的敌人,是兵家必争之地;山下平原处可依山傍水,成为历朝历代驻军的最佳地方。到了晚清时期,朝廷编练的新式陆军第十七镇六十七标就驻扎在凤凰山南边与沙河八里桥之间。

说到凤凰山兵营,我们说它曾经与近代中国历史紧密相连,甚至影响了中国历史,是一点也不夸张的。

已故著名戏剧家萧赛先生曾写有一篇散文《沙河——有我最难忘的地方》。在文章中,老先生很为八里桥“打抱不平”,说它没有驷马桥的幸运,是“倒霉的八里桥”,“默默地死在沙河上”,皆因为它没有司马过桥,没有文君送别。赓即,老先生笔锋一转,又说:“八里桥的那一营兵,在关键时刻,修不修改历史?都要由他们来决定!”萧老盛赞八里桥是“革命的前哨”。

对沙河上一座名不见经传的桥梁评价如此之高,那么,萧赛说的究竟是怎么回事呢?事情要从清朝末年四川波澜壮阔的保路运动说起。1911年,清政府决定将原来准予商办的川汉铁路收归国有,并将筑路权交给西方列强承办。川汉铁路公司在成立之初,是按人头田亩强行收纳的股金,也就是说,全省人口无论贫富老幼,人人都有股份。可如今,朝廷将铁路收归国有,又不退还股金，这就触动了所有四川人的利益，尤其是钱粮大户更是损失惨重。朝廷的这种卖国行径顿时激起了四川人民的极大愤怒，由当时进步的立宪党人组织著名士绅成立了"保路同志会"。在多次上书无果的情况下，是年8月2日，保路同志会通告全省，举行罢市、罢课，并拒绝缴纳赋税钱粮。9月7日，清廷四川总督赵尔丰诱捕了保路同志会的蒲殿俊、罗纶、颜楷、张澜、彭兰菜、江三乘、邓孝可、王铭新、叶秉诚九位领袖，并欲以谋反罪处置。民众得知蒲、罗等人被捕，纷纷自发到总督衙门请愿。然而不料，全省营务处总办田征葵在赵尔丰授意下，竟然命令卫队向手无寸铁的请愿人群开枪射击，当场就射杀了数十人；同时，清军巡防兵还在东大街、走马街等处砍杀砍伤无辜民众，从而酿成了震惊全国的"成都血案"。

成都血案发生后，革命党人趁机联络各地哥老会，组织保路同志军开展武装起义。一时间，四川各地风起云涌，民军与官军到处都在发生战斗，其中新津保卫战尤其令赵尔丰心神不安；不仅如此，同志军还一度围攻成都，大有攻陷省城之意。为了镇压四川人民革命，清廷特命端方率领两标鄂军入川平乱。于是造成清军兵力空虚，从而引发了10月10日武昌起义的成功。端方所率两标鄂军行至四川资中时，重庆革命党人联络鄂军中的同志，在资中天上宫将端方兄弟二人诛杀。四川各地纷纷通电独立。赵尔丰见大势已去，同意交出全省军政大权，由立宪党人蒲殿俊和原新军十七镇统制（相当于今天的师长）朱庆澜分别担任正副都督，组建"大汉四川军政府"，宣布四川独立。但赵尔丰表面隐退，暗地里却与老部下不断密谋。

12月8日，新任都督蒲殿俊和朱庆澜决定在东校场举行阅兵式，名曰"点兵"。不料，士兵当即哗变，顿时全城枪声大作，正副都督吓得坠城而逃，不知去向。乱兵先抢劫了大清银行、票号、钱庄、金库，随即又洗劫商家、当铺、公馆。这就是成都近代史上有名的"打起发"之乱。在暴乱发生时，担任军政部长的尹昌衡于乱军中夺得一匹战马，从东校场飞奔出城，一路驰向凤凰山兵营。驻军六十五标的标统（团长）是周骏。尹昌衡说明了借兵平叛的来意后，周骏当即给了尹昌衡三百名新军士兵。尹昌衡将这一营士兵分为三队，命向树荣、马传楷二人各带一百人去分别守卫藩库和皇城内的军械库。谁知，向、马所带的两队人马走到万福桥便作鸟兽散去。仅剩尹昌衡自己所带的一队人马进入了北校场陆军小学堂驻扎，尹昌衡下令，所有士兵不得出营，他慷慨陈词，并告诫士兵们："全川存亡，在此一举……"士兵们都被感动了。随后，在革命党人的推动下，尹昌衡凭借这一队觉醒了的士兵，联合罗纶组织的同志军，不仅弹压了兵变，并且将"屠夫"赵尔丰当众枭首示众，使辛亥革命在四川取得了最后胜利。

尹昌衡在革命后成为新的四川军政府的都督，跟随他的那一队革命士兵却湮灭在历史中，没有人再提起。萧赛老人念念不忘的就是凤凰山兵营中这队被忽略了的革命士兵，他们的历史贡献不应该被历史忘记。

其实，被历史遗忘的岂止是那些没有留下姓名的普通士兵，即使是一些重大的历史事件也有可能被另外的光芒所遮蔽，所遗漏，这就是历史本身无情的一面。

凤凰山还有一件大事差点就被遗忘了，那就是中国空军对日本列岛的远征。

当今许多描写抗日战争的书，写到盟军轰炸日本本土，总是不忘陈纳德将军的飞虎队，即美军第十四航空队和驻扎新津、彭山、邛崃、广汉的美军第二十航空队轰炸机联队。尤其是从新津起飞的 B-29 空中堡垒空袭日本的战斗，一直是作家和史家们津津乐道的话题，却对从成都凤凰山起飞，首次远征日本的中国空军很少谈及，甚至根本不知道中国空军创造的这一伟大的奇迹，直到抗日战争胜利 70 周年后，才陆续见诸史料和新华网、央视等媒体。我也是看到中央电视台的纪录片后，才留意到凤凰山机场这一光荣的历史。

中美联军 B-29 空中堡垒远程奔袭日本是 1944 年 6 月以后的事，这时中国抗战已经进入后期反攻阶段；而中国空军独自远征日本却是在抗战之初的战略防御时期。

中华民国二十七年，即 1938 年 5 月 20 日凌晨 3 时许，国民革命军空军两架编号为 1403 和 1404 的马丁 B-10 远程轰炸机飞临日本长崎，之后在将近两个小时内，两架轰炸机在九州岛上空依次飞过久留米、佐贺、佐世保、福冈、熊本等城市。此刻，骄狂的日本尚沉浸在睡梦中，日本军人做梦都想不到中国飞机正在他们头上从容地"投弹"。对日本而言，万幸的是中国军人并没有真正投弹，而只撒下了百万张花花绿绿的宣传单。众多日本人看到雪片一样从天而降的仅仅是反战传单，还真以为是他们的天照大神在保佑他们没有挨炸。殊不知，这正是中国人民反对战争屠杀的人道主义行为。

其实早在 1937 年全面抗战爆发之初，国民政府军事委员会委员长蒋介石就有空袭日本东京的设想，想以此来掌握战争的主动权。怎奈，当时中国经济、军事均落后于日本。开战初期，中国空军虽然进行了英勇抵抗，并且取得了辉煌的战果，但自身损失也十分惨重，加之中国空军飞机性能较差，数量也不多，空袭敌国首都的计划只能搁浅。至 1938 年，由于苏联提供了一批苏制飞机支援，中国空军的战斗力得到提升，这极大地振奋了军人的战斗激情；加之台儿庄战役后，中国亟须另一个胜利来再次警告日本。据《蒋介石日记》载："空军飞倭示威之宣传，须早实施，使倭人民知所警惕。盖倭人夜郎自大，自以为三岛神州，断不被人侵入，此等迷梦，吾必促之觉醒也。"

于是远征日本的计划终于被提上了日程。

最初，蒋介石长军事顾问端纳曾建议由外籍飞行员李尔德上尉来担任远征日本的任务，但李尔德认为风险太大，要十万美金作为行动代价。但抗战中的国民政府财政困难，因此蒋介石拒绝了这一要求。航空委员会遂将这项机密却又十分危险的任务交给了国军空军。最终确定派遣两个机组、八位空军勇士去执行这项艰巨任务，他们分别是：1403 号机组，正驾徐焕升、副驾苏光华、领航刘荣光、通信员吴积冲；1404号机组，正驾佟彦博、副驾蒋绍禹、领航雷天春、通信员陈光斗。另外安锡九、陈衣凡驾中国空军仅剩的最后一架1902号He-111A轰炸机担任后勤支援运输。空军勇士们抱定了"我死则国生"的大无畏牺牲精神，宣誓将努力完成这次光荣而悲壮的远征。

军委会还经过慎重研究，决定远征空袭全部投放"纸炸弹"。反战宣传单由军委会政治部第三厅厅长郭沫若和日本反战作家鹿地亘撰写和翻译。郭沫若编写了《告日本国民书》《告日本工人书》《告日本农民大众书》《告日本士兵书》《告日本全体劳动者书》《告日本工商者书》等数十种传单，由鹿地亘翻译成日文。日本反战同盟也编写了《反战同盟告日本士兵书》《一桩真实事》两种传单。这些传单总印数达一百万份之多。其中有告诫日本民众的："从昭和六年，贵国军阀就这样对人民宣传：满洲是日本的生命线，只要满洲到手，就民富国强。可是，占领满洲，今已七年，在这七年之间，除了军部的巨头做了大官，成了暴发户以外，日本人民得到些什么呢？只有沉重的捐税，昂贵的物价，贫困与饥饿，疾病和死亡罢了。……日本军阀发动的侵略战争，最后会使中日两国两败俱伤，希望日本国民唤醒军阀，放弃侵华迷梦，迅速撤回日本本土。"也有警告日本军阀的："尔国侵略中国，罪恶深重。尔再不训，则百万传单将变为千吨炸弹，尔再戒之。"

为了保守秘密，远征机组从汉口移驻成都凤凰山机场，进行了一个月的模拟训练，做了充分准备。1938年5月19日，徐焕升率领机组从凤凰山起飞，在宁波机场加足油料后，升空直飞日本，竟如入无人之境，在九州各个城市先后撒下了百万张传单。之后，两个机组胜利返航，分别在南昌机场和玉山机场加油后，再返回汉口。

远征胜利归来的喜讯当即传遍了武汉三镇，也极大鼓舞了正在前方浴血奋战的抗日军民。两个机组的英雄们在王家墩机场降落时，受到了国民政府行政院长孔祥熙、军政部长何应钦，中共中央和八路军驻武汉办事处代表陈绍禹（王明）、周恩来、吴玉章、罗炳辉等人的热情迎接。5 月 22 日，周恩来等中共领导人专程到航空委员会慰问空军英雄，中共中央驻武汉办事处赠送的锦旗上书写了八个大字："德威并用，智勇双全"。八路军驻武汉办事处赠送的锦旗，同样也书写了八个大字："气吞三岛，威震九州"。周恩来作了热情洋溢的讲话："我国的空军，确是支新的神鹰队伍，正因为他们历史短而没有坏的传统，所以民族意识特别浓厚，而能建树如此多的伟大成绩，这更增加了我们的敬意！"

中国空军远征日本本土的英勇壮举震惊了世界，海内外媒体均予以了重点报道。《大公报》说："空军初次远征日本，在九州各地散发传单，唤醒日本迷梦，发扬中国德威。"《申报》称："冲破万里长空，完成神圣使命，神鹰队长征三岛，散发传单不滥杀无辜，以正义人道告诫敌国。"香港舆论则说："传单比炸弹更具威力，中国空军来去自如，足见日空防不可靠，今后日人不得安宁矣！"1938 年 5 月 21 日，《新华日报》在第一版发表了《空军英勇远征的意义》："这次胜利，首先证明了我国空军力量的增长，证明我国空军技术并不比日本落后，证明我们是有能力去轰炸日本城市的，这是对于日本军阀的一个严重警告。"文章强调："这次胜利，向日本民众和全世界爱好和平的人们证明了中国人民抗战的目的。我国飞机只是散发传单，并未实施轰炸，证明了中国的抗战只是仅对日本军阀，并不是反对日本人民。"并呼吁民众："我们应当对我们的神鹰队伍，更加关心，更加爱护，用更多的力量帮助它，使它加速发展和强大起来……鼓励优秀的青年们参加到航空队伍中去，来争取更大的胜利。"

英美各国媒体也大面积报道了中国空军的这一伟大胜利。美联社的评论是："中国空军远征日本的成功，证实中国实力甚强，绝非日本所能击败。"路透社则以"中国飞机轰炸日本"为题，详尽介绍了中国空军远征的经过，并说："日本一向吹嘘，其本土从未受到外来威胁，其空防咸针对美苏，而视中国空军不足畏，而今恰恰是中国的空军，创袭击日本之最先纪录，可谓一鸣惊人！"美国报纸评论道："中国飞机往日本散发传单，唤醒日本国民，意义极为重大，且饶有趣味。"英国报纸说："中国空军来去自如，足见日本空防不可靠，今后日人不得安宁，所谓大日本帝国固若金汤的空防，不过贻笑大方而已。"

中国空军的远征胜利也给日本人造成了巨大的心理震撼，据阿部弘之在《山本五十六》一书中记载，日本庆祝"皇历纪元 2600 年"时，海军联合舰队司令山本五十六非常警惕，沿着东海黄海日本沿海调兵遣将全力防范，他说："要这一天中国集中航程能到的飞机冲着日本皇宫来一家伙，那可就赚大发了！"可见日本军人内心的不安有多重。

完成东征任务的空军勇士不仅成为国人敬仰的抗战英雄，也成了世界的明星。在第二次世界大战胜利前夕，美国《生活》杂志刊登了世界著名的十二位飞行员，徐焕升位列其中，并且在照片上标明："中国空军徐焕升是先于美军杜立特将军轰炸日本本土的第一人。"

徐焕升（1906—1984），上海崇明人。黄埔军校第四期、中央航空学校第一期毕业；曾留学于德、意航空学校。先任笕桥中央航校教官，后任蒋介石座机副驾驶、中队长；1938 年后历任空军轰炸机大队长、中美空军混合团副司令、空军总部署长等职。1949 年去台湾，先后任蒋介石侍从室主任、国军空军参谋长、副总司令、总司令；退役后，任台湾中华航空公司董事长等职，1984 年 3 月 4 日病逝于台北。

中国空军在抗战中创造的这一英勇壮举，也为凤凰山机场的历史留下了一页光荣的记载。凤凰山机场始建于 1931 年，原是四川军阀刘湘为组建自己的空军而建设的。抗战爆发后，国民政府征集大批民工对机场进行了改扩建，使之成为能起降驱逐机的军用机场。抗战中，从成都起飞轰炸日寇占领区和日本本土的盟军轰炸机，多由凤凰山起飞的驱逐机护航。如今的凤凰山机场依然是军用机场,不过起降的仅仅是中国人民解放军陆航团的直升机,机场也以开放的姿态任由人参观。

其实,20 世纪 30 年代扩建后的凤凰山机场还曾经肩负着民航的任务。抗战时期,往来于大后方各城市的军政要员、文化名人等,很多人都是经过凤凰山出入成都的。当时凤凰山机场开通的民用航线,除了成都至重庆的航线外,还分别有迪化(乌鲁木齐)、兰州、桂林、昆明、贵阳等大后方城市航线。这些在民国人物的回忆和文学作品中都经常被提及。

1949 年 12 月,成都凤凰山机场再次迎来了一件历史大事,统治中国大陆二十多年的蒋介石和国民党政权最终在成都凤凰山彻底画上了句号。

淮海战役结束后,1949 年 1 月 19 日,国民政府曾陆续迁往广州。但 8 个月后,中华人民共和国就成立了,人民解放军向华南长驱直入,眼看广州不保,国民政府决定西迁重庆。却不料,解放军两路大军进军西南,国军胡宗南、宋希濂等人的部队很快被击溃,11 月 28 日,国民政府行政院长阎锡山飞抵成都,随即各机关也再次迁往成都。两日后,即 11 月 30 日凌晨,蒋介石也由重庆飞往成都,就在他飞离重庆半小时后解放军第二野战军先头部队攻入城。

蒋介石曾企图以成都为依托,保住西南半壁江山。当年 9 月 12 日,他就以国民党总裁身份飞临成都进行布置,11 月 30 日撤退至成都时,依然打算让胡宗南的中央军和四川地方部队与中共在川西决战。然而,此时的国民党政权已经大厦倾覆,危木难支,云南的卢汉、四川的刘文辉、邓锡侯等人相继通电起义。更有甚者,蒋介石本人也被盯上了,卢汉打电报给刘文辉,建议扣押蒋介石,造成第二个"西安事变";中共地下党则把目标锁定在蒋介石下榻的中央军校,准备炮击蒋介石居住的黄埔楼。

决战无望,大势已去,又身处险境,蒋介石不得不再次撤离成都。12 月 10 日下午 2 时,蒋氏父子在重兵护送之下,风驰电掣驶往凤凰山机场,登上了飞往台北的专机。飞机升空后，蒋介石令飞行员在成都上空盘旋一圈，算是对成都，也是对大陆作了最后的道别，从此再没有回到大陆。此时此刻的蒋介石内心应该是很凄凉的。

在蒋氏父子撤离的同时，国民政府也悄然撤离。12 月 7 日，阎锡山在成都主持召开了国民政府行政院在大陆的最后一次会议，正式做出了"政府迁台"的决定。

国民政府败走了。

成都凤凰山机场见证一个时代的结束！

成都凤凰山机场也见证了另一个时代的开始！

昭觉，水波中的佛影

俗话说，天下名山僧占多。意思是寺庙多建在有名的山上。成都市区地处平原，寺庙无山可占，只好学习古蜀先民依水建寺。成都已经消失和现存的诸多寺院多曾建在两河畔，南河边有梵安寺、宝云庵、临江庵、延庆寺、金沙寺等；府河边有万福寺、海云寺、金绳寺、文殊院、城隍庙等。著名的大慈寺早先则是在金河之滨，如今金河消失，寺庙依旧。

沙河岸边也曾有不少寺庙和道观，如圣灯寺、多宝寺、五显庙、小龙庙、观音寺等，其中最大的寺庙便是至今还香火旺盛的昭觉寺。这也是成华最具坐标意义的丛林寺院。

《重修昭觉寺志》中附有几张昭觉寺地图，标明了清代时期昭觉寺的地形地貌，其中一张《水利全图》将昭觉寺与沙河的密切关系准确地标识出来了。从图上看，当年的昭觉寺四周被水环绕，北边有白莲池、猫子塘；西边有狮子碾、昭觉堰；东边有青龙堰、阳叉沟；南边则有与上述沟汊径流相通的沙河。这包围昭觉寺东西北三面的水系是从西北流来的一条河，虽未标明河流名称，但根据沙河水系历史变化来判断，可能就是凤凰河，即老升仙水。它在昭觉寺与白莲池水渠相连后，在青龙场南边撒开，滋养了城东北大片农田，最后九九归一回到沙河。

古代的昭觉寺在一片农田包围之中，寺外阡陌纵横，原野广阔，林盘散落如棋子，鸡犬之声相闻，农夫荷锄耕耘，大地一年四季生机盎然，寺内则是红墙围绕，宫殿肃穆，琉璃泛光；古柏森森，林木掩映。每当晨钟或暮鼓响起，一种庄严、肃穆、充满佛性的氛围便在原野上扩散开去。宗教与世俗，佛家王国和世俗烟火在成都市区东北部的沙河之滨融合成一幅美妙绝伦的图画。

晚唐卢求《成都记》载："升仙桥北，长林苍翠，曲涧潺湲，大非人间境，乃昭觉禅院。"这大概是昭觉寺名称最早的记载。史料显示，在唐朝贞观年间昭觉寺还叫建元寺。北宋华阳人李畋在《重修昭觉寺记》中说："昭觉寺，成都福地，在震之隅。先为眉州司马董常宅，旧名建元。其缔构招嗣之由，具萧相国遭碑悉之矣。唐乾符丁酉岁，为了觉大禅师宴居之所。禅体法号休梦，姓韩氏，京兆万年人。时宣宗复兴象教，乃应诏诵经。是时，剑南节度使崔公安潜奏改建元勅赐今额，仍给紫衣一袭式光宗教。未几，僖宗出狩驻跸西州召禅师说无上乘若麟德殿故事……"从这段文字记载看，昭觉寺原是汉代眉州司马董常的故宅，所以改建成寺庙后就叫建元寺。到唐宣宗复兴佛教时，下诏给时任住持休梦禅师，敕赐了觉禅师，并且应剑南节度使崔安潜的请求，赐改建元寺为昭觉寺。这是昭觉寺更名的由来。

晚唐时期，休梦禅师任昭觉寺住持，逢僖宗避乱逃来成都。由于皇帝常召休梦禅师前去讲经，休梦禅师受到皇家青睐，寺庙也得以扩大，从而拥有了大量土地。"兹寺有常住沃土三百廛，岁入千耦，并归寺仓廪，有舟航大贾输流水之钱，山泽豪族舍金穴之利。寺之殿宇，旧且百间，今广而增至三百。"由是可见，昭觉寺在皇帝的大力支持下，不仅广有地产、钱财，而且寺庙规模也翻了两倍，成为成都仅次于大慈寺的禅林。当时的昭觉寺占地足有千亩，其田产北至磨盘山，南抵沙河三洞桥一带。

到王建据蜀时，偏安朝廷给予昭觉寺的优惠更加优厚，王建对了觉禅师行叔父礼，并为了觉禅师修建了"真隐之塔"。宋代时，昭觉寺的名声已经远播海内外。唐末诗人欧阳炯《题景焕画应天寺壁天王歌》一诗云："锦城东北黄金地，古迹何人兴此寺？"可见唐代昭觉寺的兴旺。宋人姜如晦则说："成都诸刹，以昭觉、正法为大。"《岁华纪丽谱》还记载，北宋时，成都元宵节"如繁杂绮罗，街道灯火之盛，以昭觉寺为最"。

宋代诗人对于昭觉寺的描写，也为后世留下了昭觉寺的景色。范缜《游昭觉寺》：“炎蒸无处避，此地忽如寒。松砌行无际，石房禅自安。鸳鸯秋沼涨，蝙蝠晚庭宽。登眺见田舍，衡茅半不完。”大诗人陆游也写下了《饭昭觉寺抵暮乃归》：“身堕黄尘每慨然，携儿萧散亦前缘。聊凭方外巾盂净，一洗人间匕箸膻。静院春风传浴鼓，画廊晚雨湿茶烟。潜光寮里明窗下，借我消摇过十年。”

到明代，两任蜀王评选锦城十景，昭觉寺都名列其中，被称为“昭觉晓钟”。丛林钟声成为有明一代成都东北的绝妙佳音。寺庙撞钟由来已久。钟的别名为蒲牢。蒲牢在古代中国神话传说中为龙的九子之一，其性好鸣，人们便把它铸为钟纽。蒲牢还有一个特点，因为居住在海上，它特别怕鲸，所以人们就把撞钟的木杵做成鲸鱼状，每撞击一下，蒲牢就吓得大吼，声如洪钟。寺庙撞钟始于南朝的梁代。梁武帝曾经询问金陵高僧宝志和尚，人如何才能脱离地狱之苦，宝志和尚回答，人的痛苦不能一时消失，但如果能听到钟声敲响，痛苦就能暂时停息。于是梁武帝下诏，要求天下寺庙每日撞钟，从此形成了惯例。汉语中也增添了一条近似成语的谚语：“做一天和尚撞一天钟。”

明代的昭觉寺，香火依旧很盛。蜀献王曾奉朱元璋之命，亲自迎接智润禅师出任昭觉寺住持，这期间，昭觉寺得到了进一步扩展。

然而这样一座世外桃源，人间福地，经过明末清初张献忠的兵燹之乱，竟然宫殿倾颓，房舍残垣，僧人逃亡，致使寺院荒废达二十多年。清初高僧破山和尚首先发起重建，先是开荒种田，植树造林，修筑石堰7.5公里。直到康熙三年（1664）丈雪禅师归来，又经过了数十年惨淡经营；再前后得到平西王吴三桂和四川巡抚张德地相助，终于逐渐恢复元气。清同治《成都县志·艺文》所收《重建昭觉寺法堂碑记》有“赖平西亲藩同刺史张公及司府文武共襄盛举”的记载。经丈雪法师之手，大雄宝殿、圆觉殿、天王殿、金刚殿、说法堂、藏经楼、八角亭等殿宇得以修复，并重塑佛像，迎请佛经，初步恢复丛林大观。

　　清朝也继续支持昭觉寺，使昭觉寺得到了空前发展。康熙三十八年（1699），佛冤禅师出任昭觉寺住持，继续修复扩建寺院。康熙四十一年（1702），佛冤禅师派弟子前往松潘县迎接格西竹峰到昭觉寺任住持方丈。竹峰上师在寺内设密坛，供藏族和蒙古族僧人修持秘法。康熙四十二年（1703），皇帝亲赐昭觉寺"法界庄严"牌匾，并御赐昭觉寺《药师经》《金刚经》《大云轮请雨经》和御书《心经》。康熙皇帝还为昭觉寺题诗："入门不见寺，十里听松风。香气飘金界，清阴带碧空。霜皮僧腊老，天籁梵音通。咫尺蓬莱树，春光共郁葱。"乾隆年间，昭觉寺各种殿堂、僧房已达千余间，成为成都首屈一指的佛寺。特别是大雄宝殿内供奉的三尊八米高的汉白玉佛像，造像栩栩如生，雕刻精湛；寺内所建大山门、八角亭、御书房、藏经楼、普同塔等建筑，均堪称佛家艺术的瑰宝。

　　昭觉寺在清脆而洪亮的钟声中，走过了一千多年悠悠岁月，也先后走出了一辈辈的高僧，正是他们不懈努力，昭觉寺才得以延续发展。第一位大师当数休梦禅师。他是禅宗曹洞宗的第一代传人，也是建元寺住持，正是在他的主持下，建元寺得以更名为昭觉寺，距今已有一千二百多年。至北宋大中祥符元年（1008）休梦禅师五世嗣延美禅师（965—1062）住持昭觉寺，他用了三十年时间，将五代以来因战乱而遭毁的寺院进行了修复重建，建成了大雄宝殿、唱诗堂、罗汉堂、六祖堂、翊善堂、列宿堂、大悲堂、轮藏阁等主题建筑。殿堂中的塑像、画像、碑记、赤匾等也都得以恢复旧貌。到宋神宗元丰八年（1085），临济宗纯白禅师任昭觉寺住持，开堂说法，一时间信众如云，昭觉寺开始有了"西川第一丛林"的美誉。李畋在《重修昭觉寺记》中说："凡供食之丰洁，法席之华焕，时一大会，朝饭千众，累茵敷坐。如升虚邑，未有一物，爰假外求。寺之胜迹，有僖宗幸蜀放随驾进士三榜题名记，陈太师塑六祖像，萧相国文建寺碑，会稽孙位画行道天王，浮丘先生松竹，张南本画水月观音。"

▲ 川西第一禅林昭觉寺　张义奇摄

　　昭觉寺作为西川第一丛林，能够名扬海内外，圆悟禅师功不可没。圆悟禅师（1063—1135），俗姓骆，字无着，法名克勤，四川彭州（今属郫县唐昌）人。他是北宋著名的佛学大师，少年时出家于妙寂寺，皈依自省和尚。元祐元年（1086），离川到江南各地云游，潜心研习佛学。宋徽宗崇宁初年（1102）返回成都，翰林郭知章请他开法于六祖寺（即昭觉寺），名声大振。后又奉诏再次前往江南各地弘扬佛法，直到建炎三年（1129），年老的圆悟禅师才返回蜀地，仍然作为昭觉寺住持，继续宣讲法音，培养后学，直到圆寂。圆悟禅师的嗣法弟子达七十五人之多，其中最著名者为大慧宗杲、虎丘绍隆，并称为圆悟克勤门下的"二甘露门"。圆悟禅师圆寂后，弟子将其生前佛学思想整理出《圆悟佛果禅师语录》和《碧岩录》十卷，另有《圆悟心要》两卷、《佛果击节录》两卷。这些著述在中国佛学史上具有重要的价值。由于圆悟克勤禅师两度住持昭觉寺，东南亚和日本的佛教徒都将昭觉寺视为祖庭，直到今天，许多佛家弟子不惜远涉重洋，万里迢迢到昭觉寺来瞻仰圆悟禅师墓。可惜，在史无前例的"文革"中，圆悟禅师墓尽遭毁坏。改革开放后，清定法师任住持时才将圆悟禅师墓重新修葺，中国佛教学会会长赵朴初居士撰写了碑记和匾额。

寺庙留下的地标

圣灯寺

　　1955 年秋天，三十辆黄包车拉着三十名满身携带土气的少年郎和他们简单的行李，从刚通车两年多的成都火车北站一溜烟直抵成都东郊野外沙河边的一座古朴寺庙。离寺庙不远的周围地带，到处是楠竹搭成的脚手架，铁塔般的起重机正在脚手架之间空地的钢轨上来回奔忙，随着手持小红旗指挥者的哨声，沉重的建筑构件在脚手架之间层叠上升起来。这是正在建设中的东郊军事工业区，一座座红砖红瓦的厂房和办公楼拔地而起。

　　古老的寺庙见证了新建筑的崛起。这座寺庙的名字叫圣灯寺。

　　三十名朝气蓬勃的青少年是由川南行署挑选出来的一批优秀的初中毕业生，他们将在圣灯寺前新建的 294 技校[①] 学习两年，然后进入工厂，成为东郊培养的第一代技术工人。由于当年条件所限，这批少年学生只能暂居在圣灯寺庙里。他们中有一位叫王金泉，后来成了一名工人作家。2011 年他出版了一本散文集《成都有个圣灯寺》，其中有两篇文章专为圣灯寺而作。

　　与昭觉寺是成都市东北部的历史地理坐标一样，沙河畔曾经散落的诸座寺庙，如圣灯寺、多宝寺、五显庙、净居寺等，今天虽已消失了，但作为一种历史人文标识，它们不仅保留在一代人的记忆中，也被刻在了城市的版图上。这些寺庙的名称如今化作了沙河岸边一些街道和社区的名字。

[①]　294 技校是 20 世纪 50 年代创办的职业学校，专为东郊各工厂培养技术工人。后技校停办，原址上新建了 970 厂，即国营亚光电子管厂。与 294 技校同时期在圣灯寺开办的还有一所 293 技校，后也停办了。

　　今天的成都二环路东二段以东，高楼林立，道路纵横。一系列"建"字头的道路——建和路、建祥路、建兴路、建功路纵横于"龙湖三千""SM 广场"之间，道路笔直，地势平坦，连一点小坡都没有。但是在 20 世纪 50 年代以前，这里却是一片高低不平的土丘，杂草灌木交织，荒坟野冢连绵，飞禽走兽出没其间。人们称这里叫圣灯山。山，指的就是这片土丘，圣灯之名则来源于土丘旁的一座寺庙圣灯寺。于是圣灯寺便成了这一地区的代名词。

　　至今，在老成都人的心中，圣灯寺不是一座寺，而是东郊工业区内的一大片地域的总称，包括了建设路、厂北路直至二仙桥一带。人们但凡说到某人在东郊某厂工作，总是统统以圣灯寺而代之，因此我小时候虽然生活在南门外，却对圣灯寺这个地名耳熟能详。金牛区政府 1983 年编印的《成都市金牛区地名册》有"圣灯公社"一条，注明所辖的地方位于东郊工业区周围，有 11 个大队，土地 1.1 万多亩，因境内圣灯寺而得名。即便是 20 世纪 90 年代出版的成都地图，圣灯寺也不是一个点，而是一片区域，包括了原 719、745、970、776、715、773、784 以及耐火材料厂等众多中央和地方工厂所在地。圣灯寺是一个历史名称，也是一个地理概念。

　　20 世纪 90 年代，圣灯寺的多家工厂搬走后，这一带兴建起了连片商住楼，在高楼大厦之间出现了许多新的道路，其中一条被命名为圣灯路，位于四十九中学和建设路小学西南边，与另一条新开的枫林路相连接。这条原本为 773 厂区的内部道路，现在成了一条新的城市道路。圣灯寺不仅在道路上留下了烙印，而且在 2018 年出版的地图上，圣灯路与建功路之间依然印着"圣灯"的地标。

　　那么，圣灯寺究竟是一座什么样的寺庙，竟有如此大的魅力，以至于在寺庙本身已经消失许多年以后还名称依旧？它的具体位置又在何处？

　　圣灯寺是明代兴建的一座寺庙。据民国《华阳县志》载："圣灯寺，又名观音寺，在圣灯山。大明万历二十年（1592）建，清康熙时重建。"从这则记载看，圣灯山毁于明末战火，到清康熙时得以重建。圣灯寺何以得名？"圣灯"本是自然界一种奇妙的现象，即：在一些名山，夜晚可常常见到一些似萤光而又非萤火虫的光。宋范成大《吴船录》卷上："上清之游，真天下伟观哉。夜有灯出四山，以千百数，谓之圣灯。圣灯所至多有，说者不能坚决。或云古人所藏丹药之光，或谓草木之灵者有光，或又以谓龙神山鬼所作，其深信者则以为仙圣之所设化也。"明人叶子奇《草木子·杂俎》载："圣灯，名山之大者往往皆有之，世人多归之佛氏之神。如眉县峨眉山、成都圣灯山、简州天光观、衡山圣灯岩、匡庐之神灯岩、明州天童山、高丽之太白山数处，圣灯时现，盖山之精英之气发为光怪耳。"这则记载说明，在明朝成都东郊野外是有"圣灯"这一奇特景观的，不知是否由于这个缘故，人们才在这里兴建圣灯寺。在佛教看来，"圣灯"出现则是灯王菩萨显现。圣灯寺便是因灯王菩萨命名的。

有关圣灯山建寺的传说，老一辈圣灯人都知道，说在明万历十六年（1588），有一位大和尚云游至圣灯山，黄昏时分看见山坡上金光闪烁，似乎为灯王显现。大和尚便萌生了在此地建寺庙的念头。随后，大和尚便四处化缘，历时两年多，筹齐了建寺的银两，又请来工匠，再用了近两年的时间，终于在万历二十年的秋天，建成了一座金碧辉煌的寺庙。大和尚想到圣灯山的奇异景象，遂给寺庙取名圣灯寺。

清代重建的圣灯寺是什么样子？刘小葵先生在《成华旧事》一书中说："远看圣灯寺，在四周繁茂的竹树丛林中，透露出些许青砖粉壁，四合院形制的建筑隐约可见。庙宇四周，星星点点散布着矮墙与茅舍……跨进八字砖砌的山门，是一条砖铺甬道，直通前殿。越过前殿，是一个轩敞的院坝，院坝两边是左右厢房。穿过院坝就是大殿。大殿正中，斜倚着一尊手持佛帚，身披袈裟，颈挂佛珠，肩挎口袋的大肚皮笑罗汉，在神龛的两边挂有一副对联：'口笑岂无因，不断桃花流水；袋空非有物，唯遗明月清风。'……"

　　到民国时，圣灯寺这座历经两个朝代数百年的寺庙已经是香火稀疏，庙堂残破，僧人也大都四下散去。但寺庙的房舍并没空闲，谙熟成华区教育史的刘小葵说："20 世纪 20 年代，一群客家儿童背着书包，每天蹦蹦跳跳地进出圣灯寺。以寺庙办学，是那个时代风起云涌的时尚。"抗战时，为躲避日本飞机轰炸，城内的机关、学校纷纷向城外疏散。圣灯寺的庙宇建筑立即派上了用场。省立成都师范学校在校长张秀熟的带领下，整体移驻在寺内，直到抗战胜利后才搬迁回城。

　　成都师范学校搬走后，圣灯寺内又办起了"圣灯寺国民小学"，即后来的圣灯寺小学，也就是当今建设路小学的前身。当 50 年代参加东郊军工建设的那批初中学生进驻时，残破的圣灯寺又一度成了培养技术工人的实习工厂。王金泉《东郊有个圣灯寺》回忆道："我们先借住在圣灯寺小学内。这里先前是座寺庙，那门墙两旁的石条上还镌刻着这样一副对联：'世情淡古今便超尘劫，万物随来去悉励禅机。'在竹林环绕，渠水潆洄的小学后面有座土丘，土丘上竖着地质勘测用的三角木架，这才给古朴的郊野环境多少添了一些时代特色。小学的空地上，早搭起了几间篾席工棚，里面放着钳桌和机床——这就是我们临时的实习工厂。""寺庙的香火早熄灭了，新中国成立前这一带是野犬出没的乱坟岗。"

　　从亲历者和研究者的文字记载看，香火熄灭的圣灯寺在 20 世纪点燃了另外一种香火，那就是延续中华文明的读书香火和推动时代进步的工业文明光芒。从更广大的意义上说，圣灯寺不在了，但"圣灯"却大放光明。

多宝寺

　　沙河穿过万年路后，到多宝寺桥这一段，滨河两岸一片绿地，便是"沙河客家"公园，占地百多亩，是沙河八景之一。公园以客家文化为主题，建有客家碉楼、文化艺术墙、文化广场等等。沙河左岸公园一侧，在跳蹬河南路和崔家店南路之间一块三角地，2018年的地图仍标注为多宝寺。这是沙河畔一座悠久的佛寺。如今寺庙固然是没有了，但地名依旧。2003年，在沙河整治工程中，多宝寺的最后一块砖瓦被埋进泥土里，标志着这座有一千多年历史的寺庙彻底进入了历史。

与圣灯寺一样，多宝寺虽然消失了，但多宝寺凭借它强大的名声，在成都土地上留下了坚实的印记。今天以多宝寺命名的若干道路和社区，就是多宝寺在历史中的侧影。

多宝寺始建于隋代。据民国《华阳县志·古迹》载："多宝寺，治东城外十里。寺为魏晋时宝掌禅师道场，宝掌禅师和众僧灵塔在内。有千岁宝掌结庐于兹，今窣堵依然无恙。唐显庆中重修。道因法师藏经于此。"关于宝掌禅师，资料甚少，但清代和民国两个版本的《华阳县志》都记载了他与多宝寺的关系，并且传说他活了一千多岁，故而称为"千岁宝掌"。刘小葵《成华旧事》则认为宝掌是一位"鼻高眼深，耳垂眉耸"、来自天竺国的和尚，说他是"出于中印度婆罗门的高门大族。他降生的那一年，正是我国战国时期周威烈王十二年（前414）"。宝掌来到中土游历时，是东汉建安二十四年（219），此时他已经六百多岁了。还传说宝掌十天才吃一顿饭，颇有些"辟谷"之术。宝掌禅师一直活到唐高宗显庆二年（657），享年1072岁。看来外国来的宝掌禅师，寿命比中国传说中的长寿者彭祖还要长272年，这真是一个奇迹！

宝掌禅师是传说中的传奇，多宝寺则是历史上的传奇。多宝寺的寺名来历就有些特意。传说在建寺之初，人们在平整土地时，将一座小丘铲平后冒出，如是反复多次，最终人们在土中挖出了三样东西：沉船、人骨和佛像。前两样好理解，成都河流众多，况且升仙水就在寺前，泥土中埋有沉船和人骨一点也不稀奇，关键是佛像，刘小葵将这尊佛像写得很文学化："只见佛

像头戴绀发冠，眉宇间放索豪光，普照一切。身相黄金色，结智拳印，身披
袈裟，跏趺坐于大莲花上……"它是什么时候埋进去的？无人知道。但人们
在出土佛像的莲花趺坐上发现了隶书"多宝"二字，于是便给新建的寺庙取
名"多宝寺"。如果这个传说属实，那么，多宝寺与佛结缘在沙河岸边的历
史还有要追溯到魏晋之前的汉代。"佛家传入中国汉地，是由汉明帝派遣使
臣前往西域，请来摄摩腾等到洛阳而开始的"①。汉明帝，名刘庄，是东汉
第三位皇帝，公元 57—75 年在位。佛教正是在这期间引入中国洛阳，之后
逐渐传到了全国。多宝寺地下当年若是真出土了佛像的话，说明在东汉中期
或晚期，升仙水岸边多宝寺一带已经有佛事活动。

　　还有一种更为传奇的说法，著名的三藏法师，即人们熟知的唐玄奘曾在
多宝寺受戒，当然也有人说是在大慈寺受戒。三藏法师究竟是在哪座寺庙受
的戒，目前看来是一桩公案。查阅《大唐大慈恩寺三藏法师传》，书里对此
没有明确的记载，只有一个笼统的说法："法师年满二十，即以武德五年，
于成都受具坐夏学律。"三藏法师俗姓陈，其二哥名陈素，是洛阳净土寺僧人，
法号长捷。玄奘十五岁时，父亲因病故去，长捷法师便将玄奘带到净土寺，
三年后正式出家。隋末中原战乱不止，僧人纷纷逃离。公元 618 年，法师兄
弟二人也离开洛阳来到长安庄严寺。在这里，他们听说四川不仅社会安定，
而且佛事也很昌盛。兄弟二人便经子午谷进入汉川（汉中）受业，不久又来
到成都，在慧空寺住下。这座慧空寺具体在什么地方，今天已经无法得知。
但玄奘是在成都受戒则是可以肯定的。

　　玄奘法师入川数年间，在各个寺庙受业讲经，佛学造诣大大提高，当他
出三峡告别夔门时，国内的佛学界已经不能满足他进一步提升佛学境界的要
求了。于是在短时间游历江南后，三藏法师决心西行，开始了他西天取经的

---

① 周叔迦：《佛教基本知识》，中华书局，2014 年 6 月第一版。

伟大行程。

三藏法师与多宝寺究竟有多大关系，由于历史文献稀缺，我不敢妄言。但是，根据《大唐故翻经大德益州多宝寺道因法师碑》记载，三藏法师与多宝寺的道因法师是关系密切的。三藏法师从印度取经回国后，组织大规模的翻译经卷，邀请了大批来自全国各地的高僧汇聚长安。成都多宝寺的道因法师便在受邀译经之列。译经结束后，道因法师回到多宝寺，将自己所作九部微言藏于多宝寺，即清嘉庆《华阳县志》所云："道因法师藏经于此。"道因法师圆寂后，其弟子为纪念法师，遂于唐高宗龙朔三年（663），为法师立了一道碑，即《大唐故翻经大德益州多宝寺道因法师碑》。碑文由李俨撰写，书法家欧阳通书写，碑高312厘米，宽103厘米。碑首两侧刻减底浮雕花纹，碑座两侧各刻一组高鼻深目卷发的异国装束的人物群像。20世纪60年代，道因碑尚存于多宝寺，后毁于"文化大革命"时期。好在西安碑林存有同样一通唐碑，并且有拓本传世。正是这通碑文，让后世人知道了三藏法师与多宝寺的关系。

多宝寺在明朝时期再次进入了短暂的昌盛，释口量任多宝寺住持后，重修多宝寺，并得到朝廷嘉许，获赠《大藏经》一部，释口量与徒弟到京城谢恩，受到明英宗接见。之后，师徒二人回到多宝寺，再次修建殿堂，并且在寺庙周围广植松柏。多宝寺曾有两个石经幢，嘉庆《华阳县志》载："龛前石幢二，圆盖方棱，高三尺许，围径二尺有余。"其一前镌佛顶尊胜陀罗尼咒，后有释口量为之撰写了《多宝寺石幢记》；另一石经幢前镌《妙法莲华经》，撰写人不详，系雍正时所立。

从乾隆时期纂修官员潘时彤撰写的《多宝寺石幢记》有"于尘霾荆棘中火见石幢"的记载看，清乾隆后，多宝寺便逐渐废弛了。正如嘉庆《华阳县志》所说："顾寺虽古，以僻在郊外，游赏所不至，渐即颓废。然树林蓊翠，清渠环之，亦伽蓝胜地也。"进入民国后，时任多宝寺住持豁然和尚戒律不

严，众僧酗酒赌博，终于让觊觎庙产已久的军阀找到借口，黯然被迫还俗回
了原籍南溪。如此僧人被驱逐，古树遭砍伐，寺庙成了驻军的兵营。20世纪
30年代初，川军将领孙震以寺庙残垣断壁为基本，在此开办了"树德二小"。
抗战爆发后，省立成都高级工业职业学校也疏散到多宝寺。

古老的多宝寺最终成为学堂，这也算是佛的无量功德了！

净居寺

沙河离开成华地界，经塔子山公园、望江宾馆，来到净居寺路。与圣灯
寺、多宝寺一样，净居寺也是沙河岸边一座著名的寺庙。如今净居寺固然也
是没有了，但只要净居寺路还存在，净居寺就会永留在城市的记忆中。据民
国《华阳县志》载：净居寺在"治东城外五里"，而嘉庆《华阳县志》则称"创
建年月无考"。但明人何宇度《益部谈资》却把净居寺与昭觉寺、青羊宫、
武侯祠并列为大寺庙，称其"仙宫佛院，成都颇盛。半创自蜀藩献王时。殿
宇廊庑，华丽高敞"，说明至少在明代，净居寺是一座香火很旺盛的大寺庙。

不过，净居寺在历史上闻名则得益于它与明朝宋濂、方孝孺等名臣的
密切关系。据王士祯《秦蜀驿程记》载："过桥至净居寺，气象疏豁。入
山门为明王殿，次弥勒佛、次大雄殿，皆有画壁。最后藏经阁。西出为文
殊殿，即宋（濂）、方（孝孺）二公祠，有宋文宪公（濂）像。殿后文宪墓，
高如连阜，其上修竹万竿，扶疏栉比，无一枝横斜附丽。"

原来是明代开国大臣宋濂埋葬在这里。一百年前，日本人山川早水游历
四川，在《巴蜀》一书中也提到了净居寺的宋濂墓："据闻宋濂墓在城东五
里净居寺庙内。其近旁有潜溪书院之处。"这"据闻"说明山川早水并没有
见到宋濂墓。一百年前宋濂墓可能已经消失了。不过，沙河砖头堰支流上的
石桥被称作宋公桥，说明宋濂确实埋葬在这里。

宋濂是浙江金华潜溪（今属义乌）人，怎么会埋葬在成都呢？

宋濂（1310—1381），字景濂，号潜溪，别号龙门子、玄真遁叟。元末明初著名政治家、文学家、史学家、思想家，与高启、刘基并称为明初诗文三大家。曾被朱元璋誉为"开国文臣之首"，学者称其为太史公、宋龙门。洪武二年（1369），奉命主修《元史》。官至翰林学士承旨，朝廷礼仪多为其制定。洪武十年（1377）告老辞官还乡，后因长孙宋慎牵连胡惟庸案而被流放茂州（阿坝茂县），途中于夔州（重庆奉节）病逝，葬于莲花山下。蜀王朱椿因仰慕宋濂学识，遂将宋濂移葬华阳城东净居寺，并为他建了祠堂，立了塑像，每年春秋予以祭祀。

这位客死异乡的老人最终在成都沙河之滨找到人生回归的原点，也为成都这座古城留下了一抹绚烂的夕阳红。

明末清初，成都遭遇张献忠兵燹，净居寺也在战火中毁于一旦。到清乾隆十二年（1747），华阳县令安洪德在净居寺旧址上，建起了一个书院，并以宋濂的号命名为潜溪书院。该书院与清代的锦江书院、墨池书院和芙蓉书院并称为成都的四大书院。

宋濂的学生方孝孺也与净居寺相关。方孝孺死得很惨，他因拒绝为发动"靖难之役"的朱棣拟即位诏书，朱棣威胁要诛他九族。方孝孺回答即使诛十族也不会为乱臣贼子写即位诏书。最终方孝孺被诛灭十族。这第十族便是与他完全没有亲戚关系的学生一族。方孝孺为保自己名节，不惜牺牲他人生命，是否值得？这是很令人深思的问题。方孝孺也成了中国历史上唯一一个被诛十族的人。

方孝孺与成都结缘也是因为蜀王朱椿。之前，朱椿曾经将方孝孺聘到成都蜀王府中，请他担任儿子的老师。方孝孺被杀后，蜀王在净居寺为他设立祠堂以表达怀念。

槐轩学派与刘门放生池

2016年季春的一天，我因有事外出，一早途经沙河边的秀苑路。河面上还氤氲着一层白雾，四下静悄悄的，很少有人。忽然，一辆五菱小面包车在我前面刹住车。从车内先下来一位中年妇女，飞快跑下河坎，像做贼似的四下张望一番，见河堤安静，道路旁只有科技秀苑里有几位早起的老人在晨练。女士对车上人说一声："就这儿嘛。"我正纳闷，只见一小伙子拉开车门，抱出一个浪荡着的大塑料口袋，径直就提到河沿上，解开袋口就往河中倒。"哇，这么多鱼！"我不由惊叹一声。只见小伙子又从车上拉出几口袋，除了大小不等的鲫鱼、鲤鱼外，还有泥鳅、黄鳝、黄辣丁等。

我一下明白了，这是居士出来放生的！女士告诉我，今天是四月初八，佛祖生日，她们几个居士买了近两千元的鱼儿来放生。那开车的小伙子正是鱼贩子。难怪那女士要四下张望，她完全是下意识的。她是想保障鱼儿们能够安全地在河中游开去。沙河时常都有人放生，但往往是上游放生，下游便杀生。钓鱼的人则比放生的人多，若是知道有人放生，下游非但有人垂钓，而且定会张网以待。这就是那女士这么早就赶到河边放生的缘故。

沙河放生，自古以来就是一些吃斋念佛人的习惯。巧的是就在离那位女居士买鱼放生之地下游几百米远处，清代时就有一个专门的放生池，叫刘门放生池。

所谓刘门，指的是刘门教，实际上是成都历史上一个有名的儒学团体。刘门教又称为槐轩道，是一个深受儒学、道学和佛家多重影响的宗教团体，其成员都是当时的士人。创始人和核心人物是刘沅。他开创了以儒学为主、兼纳佛道的学派，因其住宅有大槐树，人称槐轩学派。

刘沅（1767—1855），字止唐，又字纳如，号清阳居士，双流人，有《槐轩全书》等著作二百多卷传世。嘉庆十八年（1813），刘沅奉母命从双流彭真移居成都南门纯化街（即三巷子）。此时他已经完成了《七经恒解》《槐轩要语》等主要著作，并形成了自己的学术思想体系；另外在办学上也颇有特色，收了数千弟子；同时还在培修古迹与慈善事业方面产生了较大影响。这些都具备了槐轩学派的基本特征。

槐轩学派的核心思想是以儒家仁爱为本，推仁推爱，以达到成己成人的目的。在源流上，刘沅认为"李实孔师"，老子实际是孔子的老师，从而把儒家与道家相对立的思想从源头上统一起来，并且通过具体的社会生活实践，把理论变为实际的生活方式，比如办教育、办慈善、办法会等，使槐轩学派成为一个教化人心、纯化风气的社会团体。

槐轩学派的学术思想主要集中在刘沅的《槐轩全书》里，涉及经学、史学、理学等，收入了刘沅注解的儒家经典有《四书恒解》《诗经恒解》《书经恒解》《周易恒解》《礼记恒解》《春秋恒解》《周官恒解》《仪礼恒解》《孝经直解》；理学著作有《槐轩约言》《子问》《又问》《正讹》《拾余四种》《俗言》；文史著作有《史存》《明良志略》《槐轩杂著》《埙篪集》以及论教育的《蒙训》《下学梯航》等著述。

除了刘沅以外，其弟子和子孙中也涌现了如刘芬、钟瑞廷、李思栋、孙海山、刘恒典、刘咸荥、刘咸炘等一大批出色的知识学人，其中刘咸荥是现代著名作家李劼人的老师，成都著名的"五老七贤"，有《静娱楼诗文存》存世；刘咸炘则著有影响深广的《推十书》，是槐轩学派学术思想的集大成者。

槐轩学派从思想结构上可以分为教育、礼教、慈善三大体系。

刘氏办教育可追溯到清初刘氏祖入蜀时期，到刘沅时，著书立说，广收弟子，已产生广泛影响。刘沅去世后，其子刘桭文继续传播槐轩学说；其孙刘咸焌又创办明善书塾、崇德书塾、尚友书塾。其他槐轩弟子及再传、三传弟子也相继在四川各地及省外办学，从清到民国，直至抗日战争前，槐轩的教育已惠泽巴山蜀水各地。

槐轩学派有关礼教的具体内容，主要记载在《礼记恒解》《子问》《又问》《法言会纂》《推十书》里，特别是法言坛的建立，构筑了一套完整的天地人神鬼祭祀程序，影响四川民间宗教的形成和发展，正因为如此，刘沅也被称为"道教火居派祖师"。

槐轩学派的慈善举措，起始于明末清初的家学传统，代代相承，经刘沅至其孙辈三代，不断发展壮大，到民国中晚期达到极盛。这和槐轩学派的不断发展是分不开的，几乎影响全川，深入社会各个阶层，无论城市乡村均有其不同的槐轩组织施医、施药、施米、施棺等。慈善事业的兴办，又在一定程度上扩大了槐轩学派的影响和发展。

放生动物也是槐轩学者们慈善内容之一，他们把对人的关爱普及到动物，实际是把关爱普及到整个大自然。这与当今国际社会提倡的环境保护理念是一脉相承的。刘门放生池就建在沙河踏水桥下游一百多米的左岸，即原776厂（即国光电子管厂）围墙外，今为国光路。工厂围墙曾经在此处凹进去一块，地上有沟连接沙河，我的记忆中地上还有一根粗大的水管连接沙河，水管有阀门。如今想来，国光厂很可能利用部分放生池建了工厂的沉淀池。放生池虽在20世纪60年代就被填平，但放生池的痕迹还是很清晰的，形成了工厂墙外的一片洼地。据《成华历史文化地标》等资料说，当年的刘门放生池占地有四亩，周边建有围墙，围墙内外修竹丛丛，林木茂盛；大门有专人守护，门外立有一通石碑，刻有书法家文德彬书写的"放生池"三个大字。

如今放生池已经变成道路的一部分，但有关部门在沙河岸边立了个标识牌，简单介绍了刘门放生池的来历。这也是对沙河历史的纪念。

时空之桥

有河就有桥，自古以来，无论在城市还是乡村，只要有人的地方就有桥。

桥，与人类相影随行。

桥，伴随人类行进的步伐，见证人类文明的成长；桥本身也成为人类物质文明与精神文明的载体。各式各样古代的桥，当代的桥，连接的不仅仅是此处与彼地的空间，更是连接着过去与现在、今天与明天。所以，桥是人类社会进步的里程碑，桥是一部凝固的历史。

那么，什么是桥？

著名桥梁科学家茅以升说："桥是空中的路。""桥的作用是跨越河流与山谷，以便连通道路。"[1] 正是因为桥的这一物理特性，桥在我国古代被称作"梁"。汉字中的"桥"与"梁"，今天已组合成为一个单词，但在古汉语中则是互为释义的两个词。许慎《说文解字》："梁，水桥也，从木水，刃声。"又说："桥，水梁也，从木，乔声。"段玉裁《说文段注》说得更明白："梁之字，用木跨水，今之桥也。"由此可见，在早期的桥都是木桥。

中国历史记载最早的桥是《拾遗记》中大禹治水时期的鼋鼍桥，鼋鼍分别是两种动物，即：鳖与鳄。以鳖鳄为桥，显然是神话，只有大禹这样传说中的英雄才能使用。我国真正供人行走的桥，专家推测可能出现在公元前21世纪，但史上记载能行走人的第一座桥则出现在公元前11世纪，这便是西周时期渭河上的一座浮桥。《诗经·大明》记载周文王为迎娶有

---

① 茅以升：《桥梁史话》，北京出版社2012年第一版。

莘国之女太姒，"亲迎于渭，造舟为梁，不显其光"。这种舟作的浮桥，尽管能行走人畜，甚至能通车辆，却并非"空中的路"，真正现代意义上的桥梁，出现在公元前6世纪左右，即《初学记》中所谓的"以木为梁"的桥。到汉代，随着砖石拱结构技术的成熟，"以木为梁"遂向"以石为梁"演变，河流上开始出现石拱桥。

沙河桥梁概览

老人们常说，沙河有"三多"，即山多、寺多、桥多。沙河的山与寺之多，前文已有叙述，下面来说沙河的桥。

远古的成都，河网密布，古蜀人分散居住在河流之间的台地上，人们相互往来，除了船只外，定会有原始桥梁相连，只因年代久远，今天已很难知道那些桥梁的存在。不过，到先秦时期，成都的桥梁已经很有名。秦惠文王在周慎王五年秋，即秦更元九年（前316），利用巴蜀互斗，乘机灭掉了巴蜀。为了将西南地区建成秦国的战略大后方，秦国任用李冰为蜀郡太守。李冰是一位水利专家，陈寿说他"能知天文地理"，"又识其水脉"（《华阳国志·蜀志》），遂在秦昭襄王时期，约公元前277年—前250年期间，主持建设了至今仍举世闻名的都江堰水利工程。《史记·河渠书》说："于蜀，蜀守李冰凿离碓，辟沫水之害，穿二江成都之中。"这二江便是今天统称为锦江的南河与府河。不过，李冰时的二江还是双双并行从西向南流过郡下的两条江。靠近城的为内江，又称郫江；另一条叫外江，又称流江。作为都江堰渠尾工程的最后组成部分，便是在二江上建造桥梁。李冰在成都城下先后造了七座桥，其中五座建在郫江上，两座建在流江上。之所以如此分布，《华阳国志》称：是"长老传言'李冰造七桥，上应七星'"。对应天上北斗七星，看来是民间老人们的附会，所以常璩只能说是长老传言。不过李冰造的二江七桥终究留下了传世的名称，七桥的名字分别是冲治桥、市桥、江桥、万里桥、夷里桥（又名笮桥）、长生桥、永平桥。七桥中的万里桥，历经两千多年风雨，虽毁建了不知多少次，但至今仍横亘在锦江上。

除了七桥之外，先秦时期成都的河流上似乎还有其他桥梁。扬雄在《蜀都赋》中就说："两江珥其市，九桥带其流。"九，在古汉语中除指实数，还含有多的意思，显然这里的九桥是包括了七桥在内的诸多桥梁。至于九桥中除了七桥外，还有哪些桥，因年代久远史料不足，已经难以说清，但沙河的升仙桥是一定在其中的；而且在扬雄笔下，升仙桥还是李冰所造的七桥之一，只是名字叫曲星桥。《蜀记》称："星桥上应七星，李冰所造。"明人曹学佺《蜀中名胜记》对此解释道："七星桥者，一长星桥，今名万里；二员星桥，今名安乐；三玑星桥，今名建昌；四夷星桥，今名笮桥；五尾星桥，今名禅尼；六冲星桥，今名永平；七曲星桥，今名升仙。"从这则记载看，李冰时代的升仙桥还叫曲星桥，应该是在汉代以后才开始称升仙桥的。北魏郦道元《水经注》称："城北十里曰升仙桥。"这是典籍上正式对升仙桥的记载。

今天的沙河全长虽然只有 22.22 千米，但它作为一条城市河流，从上游到下游分布着数十座各式各样的桥梁。古代的沙河，长度或许不及今天，但仍然有不少桥梁，尤其是明清以来，沙河桥梁逐步增多。除了最古老的驷马

▲ 汉代画像砖上的桥

桥以外，比较知名的还有王贾桥、八里桥、三洞桥、踏水桥、麻石桥、杉板桥、五桂桥、五福桥、观音桥等，另外还有一些古桥并没留下名字。譬如府青路北侧原前锋无线电厂后沙河有一座倒石桥，因为年代久远，桥栏的石板都倒落了，加之又没名称，于是就被人称作倒石桥载入了书中。

当今沙河究竟有多少座桥梁，据 2002 年出版的《成都沙河话古今》一书中刘中柱先生的《沿河数桥》统计，沙河仅仅干流上的桥梁就有四十八座。它们是：分水桥、金泉大桥、金沙大桥、金沙大桥、大王贾桥、铁路桥、小王贾桥、上和平桥、下和平桥、八里桥、人行便桥、双沙桥、双水村桥、水东桥、水西桥、成渝铁路桥、驷马桥、高笋塘沙河桥、上三洞桥、三友路桥、中三洞桥、府青路大桥、西便桥、东便桥、东院桥、踏水桥、建设大桥、人行便桥、建设路南大桥、麻石桥、西大桥、杉板桥、厂间铁路桥、跳蹬河桥、西便桥、东便桥、下便桥、多宝寺桥、多宝寺铁路桥、上五桂桥、双桂铁桥、五福桥、牛沙北路桥、成龙路老沙河桥、成龙路新沙河桥、观音桥、锦华路桥、老成仁公路桥。

如今十多年过去了，沿河兴建起了不少商住楼与新的道路。随着住宅小区和道路的建设，沙河桥梁的数量也应运增加。2017 年，我曾沿河数了一下，最后竟然没有数清楚。但有一点是肯定的，那就是沙河上的桥梁已远远超出了四十八座，如新建的升仙桥、塔子山廊桥、东篱翠湖彩虹桥以及多座小型的钢拉索桥都在这个统计数之外。其中最有特色的是连接两岸小区或公园道路的小型钢拉吊桥和廊桥，它们构成了沙河上一道具有传统人文内涵的风景。

两座驷马桥

驷马桥是一座名垂青史的桥，静卧在成都北门外一条叫沙河的小河上，它是沙河上最古老的桥，在许多典籍上都能找到它的身影。

不过汉代的驷马桥还称升仙桥，桥下的河也叫升仙水。

今天，我们从成都市中轴线上的天府广场出发去看驷马桥。由广场东北方经顺城大街、玉带桥、锣锅巷、草市街、北大街，跨清远桥（即北门大桥），再往北过解放路二段、梁家巷，在解放路一段北口与驷马桥街之间的沙河上，便见到一座宽阔的水泥大桥。这就是驷马桥。

驷马桥的桥面是前几年才修整过的。只见大桥南北两头四端都有汉阙式的装饰建筑，阙下两端塑有正在飞驰过桥的驷马高车，另两端阙墙上则有简短的文字说明驷马桥的来历。阙是秦汉至三国时代的标志性建筑。古代礼制，只有都城才允许建阙，"城阙辅三秦，风烟望五津"句中的城阙，就是指古都长安的城阙。巴蜀在西汉末年曾有十二年时间被公孙述割据，定成都为都，始建城阙；东汉末年，刘焉据蜀，也打算效仿公孙述，在雒县（今广汉）建筑阙门；三国蜀汉时期刘备在成都称帝，成都城更是名正言顺地作为帝都兴建了城阙。左思《蜀都赋》留下了"华阙双邈，重门洞开，金铺交映，玉题相晖"的名句。

城阙是一个时代的象征。驷马桥头的仿城阙建筑让人们的目光顿时穿透两千年的历史烟云，感受到时空岁月的壮阔和美丽。

司马迁《史记·司马相如列传》记载，西汉文景时期，成都城中一位被父母唤作犬子、大名司马长卿（前179—前118）的少年，渐渐成长为一名才华横溢的青年辞赋家。年轻人自幼怀抱鸿鹄之志，素来景仰战国时代的赵国上卿蔺相如，于是干脆将自己的名字改成了司马相如。景帝在位（前157—前141）期间，青年司马相如欲去都城长安一展宏图，遂"以赀为郎，事孝景帝"。

就在离开成都北上时，司马相如来到升仙桥，眼见桥下滚滚逝去的河水，再北望伸向远方一直连接都城长安的大道，心中顿时发下誓愿，遂提笔在桥头送客观的木柱子上挥毫写了一行大字："不乘高车驷马，不过汝下。"《华阳国志》有记载："城北十里有升仙桥，有送客桥，汉代司马相如初入长安，题其门曰：'不乘高车驷马，不过汝下'也。"高车驷马，既是四匹马拉的华贵车辆。在我国古代，礼制上对车辆驾马的数量是有严格规定的，不同身份等级的人所乘车辆驾马的数量也不同。《宋书·礼志五》说："天子所御驾六，其余副车皆驾四……逸礼《王度记》曰：天子驾六，诸侯驾五，卿驾四，大夫三，士二，庶人一。"由是可见，司马相如少年时期便有鸿鹄之志，绝非甘心做个一般的士人，而是要成为公卿一样的国家重臣。

然而，梦想的实现却不是一帆风顺的。由于景帝不好辞赋，以写辞赋擅长的司马相如仅仅得了个武骑常侍的闲职，这并不是他想要的。一次，梁孝王刘武来朝拜景帝时，司马相如得以结交梁孝王门下的齐人邹阳、淮阴枚乘、吴庄忌夫子等一批辞赋大家，并且与这些人一见如故。于是司马相如向朝廷称病离职，前往梁孝王封国与志趣相投的文士共事。这期间他为梁孝王写了篇著名的《子虚赋》。几年后，梁孝王去世了，司马相如失去经济靠山，只得默默地回到成都。在路过升仙桥时，当年的题字还在，面对此情此景，不知他心中有何感想。因为他并未实现先前的誓言。

不过，金子总会发光。司马相如真正发迹是在娶了临邛卓文君，再次北进长安后。这一次，由于武帝喜爱辞赋，加之成都老乡、皇帝的狗监杨得意的推荐，司马相如终于得到了朝廷赏识。从建元六年（前135）起，武帝授予司马相如中郎将之职，两次派他出使西南夷，使邛、笮、冉、駹、斯榆等蛮夷都归顺了朝廷。所以当他出使回归成都时，太守亲自赶到郊外来迎接，县令则背着弓箭在前面作警卫，凡蜀人均感觉颜面增光。司马相如不仅有功于国家，完成了汉朝廷统一西南的重任，也实现了他"高车驷马"衣锦还乡的个人理想。

升仙桥从此与司马相如结缘。司马相如以他不朽的功名再次赋予了古老的升仙桥厚重的文化底蕴！

如今的驷马桥，桥面宽阔，行人、车辆来往如织；桥下沿河两岸，绿草茵茵，树木成行，河水静静流淌，偶尔翻出几朵浪花，像是在跟岸上的人们亲切地交流；而浅水下一丛丛深绿的水草随流摇摆，不禁会使人联想起徐志摩诗句："软泥上的青荇 / 油油的在水里招摇 / 在康河的柔波里 / 我甘心做一条水草。"（《再别康桥》）

河岸的树荫中有人在垂钓，曲曲弯弯的绿道上，则有的人在散步，在跳舞，在练拳，还有人坐在椅子上静静地看书。2017 年 8 月的成都罕见地炎热，

▲ 驷马桥头　张义奇摄

驷马桥旁的沙河两岸，每天都有不少居民聚集在此享受荫凉。我走进乘凉的人中，与他们攀谈、闲聊驷马桥的来龙去脉。然而多数人只晓得这桥和古代的某个文人有关，其他便说不清了。或许他们连桥头的文字都没认真看过。终于看到一位八十多岁的老先生散步走来，我赶忙迎上去请教。"这个桥不是原来的驷马桥。"老者第一句话就让我觉得问对人了。老人指着百米开外的铁路桥说："原来的老驷马桥在铁道那个地方，是座石桥。50年代初修铁路时，让沙河改道拐了个弯，驷马桥也就向南移了百多米。"那座与公路交叉的铁路桥，曾经被老成都人视为成都的第一座立交桥，没想到那里竟然就是古老的驷马桥所在。我继续问老人知不知道驷马桥曾经叫升仙桥，他看了我一眼，说他在高笋塘生活了八十多年，没听说过驷马桥叫升仙桥。这也难怪，驷马桥的名称已经有一千多年，升仙桥不过是南宋以前的事儿了，能有多少人知道呢！

然而老先生却告诉我，如今沙河上的确有座新建的升仙桥，就在自来水二厂旁边。还有座升仙桥？这倒是一下提起了我的兴趣。我沿老先生指引，往北穿过羊子山路，在十分清冷的荆竹南路与横桥街交叉处的自来水二厂旁，果然见到一座桥，南北两端各建有一个四方小亭，这是按古籍中升仙桥头有升仙亭的记载而建的。桥栏两头立柱上刻有很小的三个字："升仙桥"。居住在附近双沙路一小区的蔡先生告诉我，这座升仙桥是2002年整治沙河时才建的，以前没桥，两岸全都是农田。哦，我顿时明白了，人们之所以要在驷马桥上游新建一座升仙桥，显然是想为当代沙河保留一个更为古老的记忆！我在桥头升仙亭中小憩一会儿，于是在心中自问："这亭子是不是仿古代升仙桥的送客观呢？"

还是回头再说老升仙桥。

最早的升仙桥是什么样的，史上并无记载。上古时期，我国森林密布，建桥材料易于获取；随着社会经济发展，造桥技术日臻成熟。茅以升说："在商、周之间已不乏有名的桥梁。"①他列举了漳水宽阔的河面上已经有多孔的木桥。从成都站东乡青杠坡出土的汉代画像砖看，秦汉时期的升仙桥也应该是木桥，再联系到送客观，应该还是一座能遮风挡雨的廊桥。木桥是一种梁桥，是继浮桥、悬桥之后使用时间最长的桥梁形制。所以古人称桥为梁。《说文解字》中的梁与桥是互为释义的。桥既是由梁构成，那么水中便有若干立柱作为架梁的支撑。今之净居寺沙河大桥，虽是钢筋混凝土材质，却也采用的是古老的立柱式架梁，水中竖有若干根水泥立柱。因为木桥有立柱的特征，古时还出现了一个感天动地的诚信故事。《庄子·盗跖》载："尾生与女子期于梁下，女子不来，水至不去，抱梁柱而亡。"汉语从此留下了"尾生抱柱"的成语。《战国策·燕策一》将尾生与伯夷、曾参相提并论："信如尾生，廉如伯夷，孝如曾参，三者天下之高行也。"《史记·苏秦列传》记载，公元前 320 年，苏秦游说燕国，也向燕王讲了这个故事。桥梁似乎注定了从一开始就与文化具有深厚的渊源。

　　进入汉代后，中国的石桥技术开始得到了长足发展。司马相如时期的升仙桥是何时从木梁桥变身成为石拱桥的，现已很难考证。但至少在唐代它还是木梁桥，有唐人罗隐的《升仙桥》诗为证："危梁枕路岐，驻马问前时。价自有朋得，名因妇女知。直须论运命，不得逞文词。执戟君乡里，荣华竟若为？"到了宋代后，社会经济繁荣，南来北往的路人增多，升仙桥想必已改建成石桥；至明清时期那就肯定是石桥了。日本人岛崎役治在 20 世纪 20 年代拍摄了一张驷马桥的照片，显然那是一座镌刻着岁月痕迹的石拱桥。

　　作为木梁桥时期的升仙桥是否有类似尾生的故事发生，不得而知。但它却与仙家很有缘。

　　关于升仙桥的得名，来自于不远处的升仙山，即是当今之凤凰山。凤凰

---

① 茅以升：《桥梁史话》第 200 页，北京出版社，2012 年第一版。

山在先秦时原本叫斛石山，到秦汉时才称为升仙山。其更名与道教的兴起有关。民间传说，有位叫张伯子的道人曾在斛石山中修行，后来成了正果，得道升天，在此骑着红色斑纹的老虎飞腾而去。于是张伯子修行的斛石山便更名升仙山了。也有另一说：老子出关时留下五千言《道德经》，并对关令尹喜说，千日后可寻吾于成都青羊肆。尹喜届时如约赴会，却不见老子踪影。打听得知老子去了油子沟桥，尹喜又赶去油子沟桥，亦不见老子，却看到天空中有紫色祥云，以为是老子在此升天成仙了。因此，油子沟桥被改名为升仙桥，桥下的油子沟河也成了升仙水。真可谓一人得道鸡犬升天了！元人费著的记述涉及这个传说："三月三日，出北门，宴学射山。既罢后，射弓。盖张伯子以是日即此地上升。巫觋卖符于道，游者佩之，以宜蚕避灾，轻裾小盖，照灿山皋。晚宴于万岁池。"[1] 清代学者李元曾记载得更明白："相传三月三日张伯子道成，得上帝诏，于此山驾赤纹乌菟上升，因改名升仙山，桥亦名之。"但李元并不相信这个传说，所以他赍即问道："然修道何处，上升何年，且土皋高不过数丈，又当城市嚣尖处，仙人何取于此？盖附会也。"然而不管怎样，因为有升仙山、升仙水，桥自然就成了升仙桥。

升仙桥的名字一直被人叫了一千多年，并没有因司马相如题桥而易名。到了南宋时期，成都来了一位名叫京镗的地方官。京镗（1138—1200），豫章人（南昌），亦号松坡居士，曾任过丞相。淳熙十五年（1188），朝廷委派他任四川安抚制置使兼成都知府。此公尚文，自己就是词人，对古代文学大家更是推崇备至。他主持重建了成都北门外的清远桥，即今之北门大桥。桥建成后，京镗写下了一篇《驷马桥纪》[2]，开篇便说："出成都城北门不百步，有桥，旧名清远。凡自佗道来成都者，必经焉。"他在文中引经据典，说《成都集纪》中所记秦汉七桥没有清远桥，升仙桥却在其中，因此这清远桥就应

① 《全蜀艺文志》第五十八卷，元·费著著《岁华纪丽谱》。
② 袁说友编：《成都文类》，中华书局，2011年12月第一版，第516页。

该是升仙桥；同时他说"（司马）长卿负天地飘飘凌云游天地之意气，发轫趋长安时，欲与蜀山川泄其不平。其操笔大书，当于万目睽睽之地，决不在三家市无疑也。况象应七星之义，必其屈曲连属，不应'升仙'独与它桥相辽绝。"于是京镗认定清远桥就是升仙桥，而升仙桥是司马相如题过字的桥，那么就理应改名为驷马桥。京镗不仅亲自题写桥记，而且还赋《水调歌头》一首："百堞龟城北，江势远连空。杠梁济涉，浑似溪涧饮长虹。覆以翚飞华宇，载以鱼浮叠石，守护有神龙。好看发源水，滚滚尽流东。"

于是古老的升仙桥第一次有了新名字：驷马桥。不过，此驷马桥非彼驷马桥也。

京镗尽管学问深厚，又引经据典，但他只知李冰所造上应七星的二江七桥，却并不知升仙桥与升仙山、升仙水的关系，就想当然耳妄下结论，结果落下了一个千古笑柄。倒是唐咸通云安进士李远的一篇《题桥赋》，运用丰富的文学想象，渲染了司马相如与驷马桥的故事：

昔蜀郡之司马相如，指长安兮将离所居，意气而登桥有感，沉吟而命笔爱书。倘并迁莺，将欲夸其名姓；非乘驷马，誓不还于里闾。原夫列骑流连，乡心顾望。铜梁杳杳以横翠，锦水翩翩而逆浪。徘徊浮柱之侧，睥睨长虹之上。神催下笔，俄闻风雨之声；影落中流，已动龙蛇之状。观者纷纷，嗟其不群。染翰而含情自负，挥毫而纵意成文。渥泽尚遥，滴沥空瞻于垂露；翻飞未及，离披且赌其崩云。盖以立誓无疑，传芳不朽。人才既许其独出，富贵应知其自有。潜生肸蠁之心，暗契纵横之手。于是名垂要路，价重仙桥，离离迥出，一一高标。参差鸟迹之文，旁临綵槛；踊跃鹏搏之势，下视丹霄。既而玉垒经过，金门宠异。方陪侍从之列，忽奉西南之使。乘轺电逝于遐方，建节风生于旧地。结构如故，高低可记。追寻往迹，先知今日之荣；拂拭轻尘，宛是昔时之字。想夫危梁藓剥,清墨虫穿;长含气象,久滞风烟。几遭凡目之见嗤,徒云率尔;终俟瓌姿之后至,始觉昭然。所谓题记数行,寂寥千载。何搦管而无惑,如合符而终在。惊后进而慕前贤,亦丁字而有待。[①]

升仙桥沾了大才子的文气而流芳百世,最后竟把张伯子成仙的典故湮没了。京镗因司马长卿的题记改了桥名,却如当代历史学家唐振常先生所言:"似是为相如得官而赞,实是对文学的纪念。"两千多年来,司马长卿与升仙桥的故事被世代传诵演绎,已成为古老沙河上一个永恒流淌的浪漫传奇。

正是因为司马相如的缘故,历代文人墨客都以吟诵驷马桥作为一大雅事,尤其唐宋诗人。最著名的一首是唐代大诗人岑参的《升仙桥》:"长桥题柱去,犹是未达时。及乘驷马车,却从桥上归。名共东流水,滔滔无尽期。"汪遵则以《升仙桥》为题连写两首诗,既写赞颂司马相如,又称道杨得意。其一:"题桥贵欲露先诚,此日人间笑率情。应讶临邛沽酒客,逢时还作汉公卿。"其二:"汉朝卿相尽风云,司马题桥众又闻。何事不如杨得意,解搜贤哲荐明君。"宋代著名"三范"之一、华阳人范镇的《升仙》诗则似乎又多了一层思索的意味:"去用文章结主知,出衔恩旨谕皇威。相如终古成轻诧,桥上空题驷马归。"

真可谓,悠久的升仙桥,厚重的驷马印!

---

① 李昉等编:《文苑英华》卷四十六,中华书局,1966年5月版。

四座三洞桥

城西"永陵"旁西郊河支流上有座桥，名三洞桥。桥头有家叫"带江草堂"的餐馆，其大蒜烧鲢鱼闻名于世。引来不少名人雅士光顾，郭沫若曾写下"三洞桥边春水生，带江草堂万花明"的诗句。因此城西三洞桥一度名扬海内。

但此处要说的却不是城西三洞桥，而是城北沙河上"同名同姓"的古三洞桥。

沙河过了驷马桥后，连续向西南、东南拐了几道弯，穿过二环路北四段，来到了一座古色古香的石桥下。桥头两岸的空坝地到处都是露天茶园，一年四季，春夏秋冬无论寒暑，茶园总是人座满满。北桥头石柱上刻有"古三洞桥"几个字，标牌上附有简单文字介绍。所谓古桥，有两个典型特征，一是材质为石料，二是形状为拱桥。不过，这座古三洞桥是 2004 年在沙河整治时期修复的，给人一种新修古桥的感觉，材料是青石的，桥面虽拱，但路面由水泥铺过，颇为光洁；此外桥栏，包括立柱上的石兽都是由青石打凿的。尽管是仿古，也缺少沧桑感，却也为现代沙河留下了些许历史的记忆。

修复之前的老三洞桥，桥身通体深红色，夕阳映照之下，真如长虹卧波。由于历经百年风雨，桥身和龙头龙尾多有斑驳脱层，石缝中已经长出了簇簇青草，草丛中甚至有了鸟巢。这座老三洞桥建于清光绪末年，为三孔红砂石拱桥，小巧而古朴。桥长 5.2 米，中拱高 4.7 米，跨度为 30 米，两个桥墩迎水面有石刻龙头，有四爪，龙口微张，龙身有鳞；桥墩过水面的龙尾微微扬起，栩栩如生有动感。龙身龙尾虽经风化，但精细的做工仍能看出。整个石桥因为所用石材均为龙泉山所出的红砂石，历经百年沧桑，风化严重不可避免。1996 年，古三洞桥被确立为成华区文物保护单位。

▲ 修整过的古三洞桥　张义奇摄

　　古三洞桥所在的位置原为圣灯乡平安三队，以前四周都是农田，后来随着人口增多，桥头搭建了许多简易民房，于是河边垃圾成山，每每路过此地都感觉臭气熏天。沙河治理不仅恢复了古桥面貌，也改善了环境。

　　关于三洞桥，我还模糊记得小时候听一位从高笋塘搬来的邻居讲的故事，说三洞桥的土地爷赌博成性，不仅把桥输了，而且连土地婆婆也输了。输掉的三洞桥跑到了下游，所以下游的桥也叫三洞桥。而老三洞桥附近的人们听说别的地方也有三洞桥，便从此断了此三洞桥土地庙的香火。无独有偶，我在成华区文广新旅体局编的《成华历史文化地标》中读到了类似的故事：古三洞桥桥头原有一座小土地庙，庙内有一个土地公公和两个土地婆婆。民间传说，这是因为沙河上游的另一座三洞桥（中三洞桥）的土地与这座三洞桥的土地赌博输了，便将土地婆婆给了这座三洞桥的土地。所以中三洞桥的土地庙内无土地婆婆，而下三洞桥的土地庙内则有两个土地婆婆。看来赌博不是好事，连神仙都可能输成光棍！

　　这则民间故事也由此扯出了另一个问题，沙河上究竟有多少三洞桥？

　　沙河与锦江相比是一条小河，由于跨度不大，河上的许多石桥都是三个桥洞，但并不是所有三个桥洞的桥都称为三洞桥，像同样是三个桥洞，五桂桥、五福桥等就有自己独立的名称。然而三洞桥在沙河上又的确不止一座，而是几座石桥共同的名字。

　　查阅 20 世纪八九十年代的成都地图，清楚标明三洞桥的有三处，分别以上三洞、中三洞、下三洞命名。三座三洞桥都分布在二环路北三段和北四段附近的河道上。今天这里是风景秀美的河滨公园，以前却是城乡接合部。上三洞桥在离驷马桥不远的预制板厂（如今是住宅小区）背后；往下游一里多、二环路北三段和北四段交界的高笋塘沙河大桥，就是以前的中三洞桥，如今因二环路扩建，老桥早被拆除，旧址上新建了单孔水泥大桥；离中三洞桥百多米远的下游，416 医院旁又有一座石桥，那便是下三洞桥，即当今修葺一新的古三洞桥。

　　下三洞桥是几座古桥中最后被拆除的。旧桥址上新建了一座"古三洞桥"。尽管依然三洞石拱，栏楯石板上照旧雕刻有精致花卉图案，但仿古三洞桥和老三洞古桥还是有区别的，除了石材不同外，最大的区别在岁月留痕上。古桥经岁月的磋磨，如饱经沧桑的老者：桥面坑坑洼洼，被鸡公车碾压的辙印像额上的皱纹；桥身风化严重，桥栏石柱上的兽头也难以辨认，桥墩迎水面的几个龙头要么没了下巴，要么失了鼻梁。若能留到今天，或许算是古升仙水上的一道景致。

　　据熟知这一带的老人讲，几座三洞桥造型都大致一样，只有桥身大小的细微差别。但奇怪的是，对上、中、下三洞桥顺序，他们却缺乏统一的认可。不少人认为，再往下游泰兴路（原机床厂外）的虹波桥才是中三洞桥。作家冯荣光先生可谓"老北门"，他也指着虹波桥告诉我说这是中三洞桥。而地图上又把这座桥标为下三洞桥。这就把人弄糊涂了，若虹波桥是中三洞桥，

▲ 虹波桥，也即人称下三洞桥。　张义奇摄

那上三洞桥和下三洞桥又在哪里呢？若虹波桥是下三洞桥，那今天的古三洞桥又该如何命名？

如此说来，沙河上的三洞桥至少有四座。而四座三洞桥建于何年何月，已很难完全说清楚。新华出版社 2015 年出版的《成华坐标》也说得很模糊："沙河上的三座三洞桥大体上都是清朝嘉庆以后修建的。"从桥的造型和风化程度判定，它们是清朝的石桥是肯定的，但在这之前是否还有更早的桥呢？至于该书还说，下游的踏水桥是下三洞桥，就不知依据来自何方了。

唐振常先生说："桥高而陡峭狭窄，这才是古桥。"以此标准打量，四座三洞桥是有古风神韵的。

三座五桂桥

　　与四座三洞桥同名一样，沙河上的五桂桥也有三座同名。

　　沙河流到塔子山就该进入下游了，而五桂桥既是沙河中下游的分界桥，也是成华区与锦江区的分界桥。

　　塔子山下，今天双桂路上的这座跨越沙河的双层大桥，其前身就是五桂桥，人称上五桂。上五桂早先是座三孔石桥，是东大路上非常重要的桥梁。20世纪70年代，我读中学时每年去龙泉山劳动都经过这座桥，每当返回时，一过此桥就有回到城市的感觉。我对上五桂桥唯一深刻的印象是桥栏非常简易，两边只砌有矮矮的石条，不像三洞桥栏那般高，更没有立柱和石兽凿刻之类。所以每逢雨天，低矮的石条桥栏便沾满了车辆过往溅起的泥浆。因为桥栏很低，当然也就不能保证过往汽车都能够安全通过。桥的东头以前是很陡的高坡，坡上有几道连续的弯道。当年听人说，曾有一辆载重的解放牌货车，从坡上往桥上开来，由于路面全是黄泥而打滑，加之刹车失灵，结果就从桥栏上翻进了沙河里。

　　上五桂的建桥历史有多长，没人说清，有人说是清末所建，也有人说是民国时期才修的。但这些众说纷纭的说法，似乎指的仅仅是石桥。此桥处于东大路要津，来往于川东、川南的人们大多要经过这里，想必很早就应该有桥梁，或许更早时候是座木桥吧。

　　五桂桥原名叫"乌龟桥"，得名于沙河一个叫乌龟坝的地方。原来沙河流过多宝寺桥之后，拐了一个大弯。这个弯道过去叫魏家河湾，其具体位置就在新都机械厂东边，成都造漆总厂那一片（如今河湾已被切角，河岸上是居民住宅小区）。魏家河湾曾经有一大块沙洲，名叫乌龟坝。2017年，我沿河采访，恰巧遇到一位九十多岁的李大爷，他曾是当地农民，现住在联合小区内。他挥手沿河一划，告诉我这一带都叫乌龟坝。说早先沙河年年涨水，魏家河湾这一带庄稼地常常遭水淹，眼看就要收获了，结果大水一来都泡了汤。所以就有人请石匠打制了一个大乌龟放在岸边。老人讲的这个乌龟的故事，在《成华历史文化地标》中也有记载，说那石乌龟很多，背上还背着几只小乌龟。只是不知道这石龟从何而来。

在中国传统文化中，乌龟是与龙、凤、麒麟齐名的四大灵物。但龙、凤和麒麟都是幻想的动物，唯有乌龟是实实在在的生物。乌龟是吉祥、安康的象征，成都城因为神龟出现，才建成了城，所以成都又叫龟城。神龟的别名即是古书中常见的玄武。根据五行学说，它是主北方的水神。《楚辞·远游》注云："玄武，北方神名。"《史记·天官书》说："北宫玄武，虚、危。"《后汉书·王梁传》："玄武，水神之名。"玄武即是水神，当然就有镇水的作用，过去人们一直对此深信不疑。

既然在沙河乌龟坝这个地方建桥，那桥名自然就叫乌龟桥。事实上，直到今天，当地上了年纪的老人依然口称乌龟桥。但乌龟在民间还有一个骂人的含义，有人认为乌龟桥写在书面上似乎不雅观，于是取个谐音，乌龟桥顺理成章地改成了五桂桥。实际上五桂桥与"五棵桂树"之类的意思毫无相干。

上五桂桥下游的一座桥就是中五桂桥。从上五桂桥西头南行，也就是与塔子山隔河相望的，以前是成都无缝钢管厂外一条约一公里长的沿河土路，叫古雅坡路。路南头拐弯处有座五洞的红砂石桥，不宽且稍长，是通往下沙河堡场镇的必经之道，这就是中五桂桥。原先这座桥也是三洞，20世纪50年代第一次整治沙河时增添了两个桥洞，成为一座五洞石桥。石桥如今已被拆除，代之而起的是下游不远处新建的一座宽广的三洞仿古大石桥，因地处五福村而命名为五福桥。五福桥均由青石镶砌，栏板有花卉图案，两边四十根栏柱上雕刻盘龙，颇具古典特色。所以真正的中五桂桥已经走进历史了。

　　沙河沿牛沙北路、牛沙南路一直南去，过了净居寺的老沙河大桥、新沙河大桥，再流经翠景东路，就到了锦华路一段和二段的交界处，即新成仁路上的沙河桥。这座桥在 20 世纪 90 年代的地图上标为沙河大桥，而当地居民则一直称之为下五桂桥。

　　其实真正的下五桂桥还在下游过了观音桥不远处的老成仁路上，地图上标为老沙河桥。早先也是三洞石桥，60 年代叫"红专桥"，后来改称"红砖桥"。如今该桥桥墩、桥栏都装饰成白砖。如果把人们误传的锦华桥算成下五桂桥，那么五桂桥也就和三洞桥一样也有了四座。

　　五桂桥的建造年代也没人能说清楚，但从沙河下游桥梁密集程度以及与下五桂桥紧邻的观音桥的建造时间来看，五桂桥的建桥时间不会晚于清代。

观音桥

　　净居寺老沙河大桥下游数百米远，有一座不通行车辆、被树木掩映的桥，这就是位于狮子山南路的观音桥。观音桥东头一大片空地，是个很热闹的农贸市场，附近小区居民的日常生活多仰赖这个市场。但以前的观音桥周边都是农田，只有不远处有农科院的生物研究所和土壤研究所，而如今不少商住楼盘拔地而起，尤其北边的东光小区为此地聚集起了旺盛的人气。

　　今天的观音桥虽然已不在交通要道上，但是在古代它却是沙河上一座重要的桥梁，也是一座历史悠久的石桥。明代喻茂坚留下的一篇《重建观音桥碑记》说："成都去城七里有沙河，近东景山之寝园，车马经游之路……成化丙申河桥颓圮……丁酉桥告成。楼上有楼，楼下有栏楯，咸集以本。桥畔有观音堂，因题其名曰观音桥……迄今甲子，历年九十……桥残缺过甚……欲易竹木尽施砖石……经始于甲子正月十二日，告成于乙丑十一月十五日。东西长二十丈，南北阔四丈，通砌以石，重重合以灰……"

　　从这则碑记看，观音桥至少在元代就有了，因为在成化丙申年（1476）桥垮塌了，丁酉年（1477）重新建成。因为桥头有座观音堂，所以桥名就叫观音桥。

　　明代的观音桥是座廊桥，那么之前垮塌的观音桥是怎样的桥就不得而知了。但可以肯定的是，沙河下游的观音桥是仅次于上游驷马桥的另一座重要桥梁。

名称各异的桥

踏水桥

距离电子科技大学东院桥下游约数百米的建设北路上有座新建不久的大桥，名叫踏水桥。踏水桥的名称当然是从老桥那里承继而来的。

有关踏水桥的名称众说纷纭，只有当地老居民的说法最接近真实。说很久以前，这里并没有桥，两岸来往要走上游的三洞桥绕道，十分不便。于是有人便打制一些大石墩横放在河道上，河水不大时，人就可以从石墩上跨过。但若是河水漫过石墩，人就得踏水过河了。因此这种桥被称为踏水桥，另一些地方则称为跳墩桥。在中国南方农村，这类踏水便桥很多，四川至今还能看到，譬如眉山市洪雅县的旅游古镇柳江，那河上就有座石墩的踏水桥，现在成了人们拍照留念的景点。

沙河上面这类踏水石墩桥想必不止一座，跳蹬河桥大概也属这类。踏水桥名称的由来后来还有一个民间传说，《成华史话》《成华坐标》等书中都有记载：由于妇女小孩过河时经常脚底踩滑，插进甚至摔倒在水中，圣灯寺的和尚便出面找到谢家祠堂的族长商量，集资在河上建一座石桥。但由于建桥的承包人偷工减料，把桥洞拱得很低，本来该是拱形的桥面就变成了平桥，每逢大雨洪水，河水就会漫过桥面。一天刚好大雨过后，一对新人结婚，男家在河对岸，女家送亲队伍来到桥上，不料大水漫桥，花轿无法通过，新娘只得下了花轿蹚水过桥。绣花鞋上沾满泥水的新娘气恼不已，脱口说道："新人踩新桥，脚在水里泡，踏得哗啵响，取名踏水桥。"踏水桥就因此而得名了。

踏水桥在清代至民国时期都是石桥，但后来石桥塌掉了，有很长一段时间是简易便桥，20世纪50年代，因东郊工业建设，踏水桥被改建成木桥。但《成华历史文化地标》中说"踏水桥旧为石拱桥，1973年重修时改为新式拱洞"，则很不准确，且不说重修的踏水桥并不是"新式拱洞"，而是斜拉式钢筋水泥梁桥，而且1973年以前也不是石桥。我从60年代后期起，几十年中不知从踏水桥来往了多少次，从未看见过有什么石桥，而是一座高高的木桥。

今天的建设北路二段当年尚未打通，该路还是成都电讯工程学院（今电子科大）的内部道路，踏水桥西头学院围墙曾有一道小铁栅门，因长期无用，后来就用硅酸盐砖封死了，我们常从那里翻墙出来游泳。其实墙外有一条沿沙河蜿蜒的小路（今为建设北街）通向今天的建设支巷和建设路。居住在建设路工厂宿舍的一些职工上班为了抄近道，常常走这条小路过踏水桥。我在工厂子弟学校读小学和初中期间，几乎每年夏天都会到踏水桥来游泳。第一次站在踏水桥上，曾发现好些铺桥的木板都腐朽了，从桥面看下去，缝隙很宽，所以走路尤其小心谨慎。踏水桥吸引我们的是河底有厚厚的泥沙，水也很平稳，是个天然的游泳场。但也有危险，那就是桥下腐朽的木桩。一些人喜欢跳水，常站在桥上往下跳，结果时常都有悲剧发生。

老踏水木桥是啥样子？就是汉代画像砖《车马过桥图》描绘的那样，水中密扎扎布满木桩支撑着桥面，木桩腐朽后再换新的，如是反复，所以踏水桥下除了能看见高高的木桩支撑外，还有水中看不见的朽坏的老木桩。跳水者面临的正是这些水下的威胁。

我曾经常往来踏水桥，亲眼见这木桥修过一茬又一茬，直到有一天突然封路了，再过一段时间，突然发现一座新的水泥大桥横卧在老桥址，过往时再也不用看脚下木板的缝隙了。

麻石桥

沙河离开踏水桥，再横穿建设路沙河大桥，沿国光路、光明路南流一千米左右，再次向东穿过二环路东二段，此处一座大桥即是麻石桥。麻石桥在成都知名度很高，也是这一区域的代名词，因为这一带过去有很多中央和地方的企事业单位，川棉一厂、成都针织一厂、成都玛钢厂、四川抗菌素工业研究所、四川制药厂、光明器材厂、光明眼镜厂、宏明无线电器材厂、宏程汽车修理厂等工厂都集中在这里。

今天的麻石桥与二环路上的其他沙河大桥没有区别，宽阔而并不显眼。但早先的麻石桥却是沙河上特性独立的一座桥。之所以叫麻石，是因为建桥的石材与其他桥不同，成都以前铺路修桥的石材一般都来自龙泉山，材质是红砂石，沙河上的石桥多是这种石材；另一种石材则是来自灌县山里的青石材，也有不少路桥用这种石材。而麻石桥采用的麻石，显然不是来自龙泉山的红砂石或灌县的青石，极有可能是来自更远地方，如雅安山中的花岗石之类。当然，这只是个人的推测而已。

麻石桥尽管变了样，但它却以曾经独特的魅力保留在沙河上。如今在麻石桥的两岸建起了一个占地面积 23.8 公顷的公园，名称就叫"麻石烟云"。园内除了有绿地、广场、音乐喷泉等设施之外，更重要的是保留了东郊现代工业文明的记忆。

杉板桥、跳蹬河桥、多宝寺桥

离开麻石桥再往下游便先后是杉板桥、跳蹬河桥、多宝寺桥。杉板桥在地图上总是被印成"沙板桥"，其实准确的名字是杉板桥，因为此桥最初是一座用杉木板搭建的简易桥。提到杉板桥人们一下就会想到成都热电厂，它是与电厂最亲密的桥。而跳蹬河桥最早也是很简单的石墩便桥，但因为它占据牛龙公路要津，在东郊工业建设中早建成了钢筋水泥大桥。多宝寺桥因为多宝寺而得名，它的"指代"意义并不是多宝寺，而是这里曾经的第一机制砖厂、成都卷烟厂、成都玻璃厂等企业。

踏水桥、麻石桥、杉板桥、跳蹬河桥、多宝寺桥等几座桥梁，在老成都人的眼里都具有地标的意义，它们常常是方位甚至是某些单位的代名词。桥梁的作用已经超出了交通的范畴而成了区域的象征。

战争与和平

　　近几年以来，气候变化明显。尤其夏天，成都常遇酷热袭击，每当高温天气，城市最凉爽的地方大概只有河滨。经过整治后的沙河，邻水公园鳞次，垂柳依依，绿树成荫。人们漫步其间，尽情享受着鸟语花香与悠悠凉风；惬意休闲的人们，或品茗聊天，或享受美食，或谈情说爱，或舒展歌喉，俨然一派和平、幸福和安宁的景象。谁也不会想到那随河水远去的金戈铁马与烽火硝烟。

成都的门户与制高点

距离成都市区东南二十余千米的地方，有一座呈南北走向的著名山脉，这就是龙泉山。它的余脉凤凰山是岷江与沱江两大水系的分水岭，而龙泉山脉也是成都平原与川中丘陵的自然分界线。

龙泉山是成都著名的花果山，也是邻近成都市区的海拔高地。几十年前，当龙泉山还是黄乎乎满山红苕地的时候，唯独龙泉山最高峰长松寺古木茂盛，葱郁一团，远远就能看到山顶的青翠。就在那团浓绿的树木之间，隐蔽着一支雷达部队，它是安在成都的一只警惕的眼睛，日夜紧盯着成都周边的天空。当年我曾问空军的一位连长，为什么要把雷达站建在龙泉山顶上，他说龙泉山是成都的最高点，任何飞临成都的飞机随时都能够被发现。

龙泉山从军事意义上说，的确是拱卫成都的一道天然屏障。

龙泉山脉狭长二百千米，宽十千米，其余脉蜿蜒至成都沙河左岸，这就是沙河岸边山多的缘故。这些高高低低的龙泉余脉统统被称为成都东山。东山环绕在成都市区北部、东部，与沙河一道构成了城市的"护卫墙"。在冷兵器时代，这道护卫墙是成都城外的一道安全要塞；尤其在进入成都市的交通要道上，东山实为成都最近的门户与制高点，是兵家必争的地方。古代时出成都市北门和东门，只有两条出川的大路，都必须越过沙河。东北部的凤凰山、磨盘山扼守的是北大路，即川陕大道，从川北而来的军队在这里将受到最后的扼制；东南部的塔子山、狮子山镇守的是东大路，若有军队从川东、川南而来，必定要越过这道防线才能进入城区。因此，历史上成都城下多次激烈的争夺战便发生在这里。

从空中鸟瞰，沙河穿行在东山脚下，恰如一张弯弓，又似一道围屏，将成都市区东部紧紧包围在其中。在唐僖宗乾符三年（876），高骈将郫江（今府河）改道之前，沙河一直是成都北部与东部的一道天然屏障；郫江改道之后，沙河的军事意义表面上似乎有所减弱，但它作为入城的必经之径，在战争中的作用实际上是不可改变的。

萧赛对沙河的军事作用有一段精彩的概述：

> 沙河的故事比府南河还多，它从古代的军事路线到今天没有战争的风景线，一千零一夜的龙门阵都摆不完！
>
> 多年以来，改朝换代，谁要想占领四川，杀进成都，都得走沙河这条路，因为沙河流域位居成都的北面、东面。东汉光武皇帝刘秀消灭公孙述，走沙河这条路；三国昭烈皇帝刘备取西川，张松献地图，走沙河这条路；魏军破蜀，走沙河这条路；明熹宗朱由校天启年间，叙永土司奢崇明造反，自称大梁帝国，占领黔北、川南、川东、川中许多地方，他的大军就屯住在沙河旁边的塔子山一带；在这存亡关头，石柱女将秦良玉奉命勤王，带领"白杆兵"，杀到跳蹬河，会同明将朱燮元出兵沙河，才把奢崇明的叛军打跑了，还是走沙河这条路；黔军打川军，川军打黔军，争夺成都的领导权，要走沙河这条路；抗日战争，日本飞机轰炸成都，老百姓躲警报，都常到沙河一带的林荫深处避难，非常安全。沙河那条路跟我们生命攸关。①

古往今来，围绕沙河与东山的战争大戏演了一场又一场。沙河就像饱经风霜的历史老人，一路见证着成都的历史兴衰，也一路守望着成都的和平与安宁。

---

① 冯广宏编：《成都沙河话古今》，中国三峡出版社，2002年12月版，第230页。

秦军南下金牛道

周慎靓王五年（前316）冬，金牛道上一支军队正源源不断地南下，这是被称为虎狼之师的秦军。金牛道的末端在古升仙水畔蜿蜒，秦军的铁蹄从这里踏进了尚未有城墙的成都市。

雄踞西南很久的古蜀国从此灭亡了。

古蜀国历经蚕丛、柏灌、鱼凫三代蜀王，到杜宇、开明时代，已发展成一个强大的国家，史称西南之长。一时间，蜀王曾欲与秦王比肩。但是，当历史进入战国中期后，中原各国都相继进行了变法改革；尤其是秦国，经过近乎残酷的商鞅变法后，国力大增。而蜀国却依旧止步祖先牧歌田园中，已经不是强秦的对手。秦国遂产生了吞并蜀国的野心。

周慎靓王三年（前318），秦国一举打败了韩、赵、魏、燕、楚五国联军，国势日隆。此时的开明蜀王非但没有觉到危险逼近，反而更见荒淫无度。于是秦王首先抓住蜀王贪财好货的心理，诱使蜀国开通了石牛道。据《水经注·沔水》所引来敏《本蜀论》载："秦惠王欲伐蜀而不知道，作五石牛，以金置尾下，言能屎金。蜀王负力，令五丁引之，成道。秦使张仪、司马错寻路灭蜀，因曰石牛道。"石牛道又称金牛道，今成都金牛区名即来源于此。其次，秦王又抓住蜀王好色的特点，赠送美女麻痹其意志。扬雄《蜀王本纪》记载了这个故事："秦王知蜀王好色，乃献美女五人于蜀王。蜀王爱之，遣五丁迎女。还至梓潼，见一大蛇入山穴中。一丁引其尾，不出。五丁共引蛇，山乃崩，压五丁。五丁踏地大呼，秦王五女及迎送者皆上山，化为石，蜀王登台，望之不来，因名五妇侯台。蜀王亲埋作冢，皆致万石，以志其墓。"蜀王空欢喜了一场，五美女和五丁极有可能是遭遇了地震或山崩全部被埋进了大山。《华阳国志》还记载蜀王的另一个传说："武都有一丈夫化为女子，美而艳，蜀王纳为妃。不习水土，欲去，蜀王必留之，乃为《东平之歌》以乐之。"不久，这王妃就抑郁而死，蜀王居然令五丁力士到武都取土，担回成都为王妃垒冢。成都武旦山即由此而来。可见末代蜀王不仅好色，而且可能是个同性恋者，为了那个"丈夫化为女子"的王妃，不惜劳民伤财。其荒淫程度可见一斑！

就在秦王苦苦寻求灭蜀机会的时候，蜀国自己却内斗起来。蜀国与巴国原本是世仇，但蜀王的弟弟苴侯却与巴王暗通款曲。蜀王得到密报，亲率大军至葭萌征伐苴侯。苴侯逃往巴国，于是蜀王迁怒于巴国。巴王唯恐自己军力不敌，遂向秦国求救。

此时的秦国朝廷正在为东进或是南下发生激烈争论。大夫张仪主张东进伐韩，取周朝九鼎宝器，挟天子以令诸侯。大将军司马错则坚决主张先灭蜀。他提出了几条充足的理由："夫蜀，西僻之国也，而戎狄之长也，而有桀、纣之乱。以秦攻之，譬如使豺狼逐羊群也。取其地足以广国也，得其财足以富民缮兵，不伤众而彼已服矣。故拔一国而天下不以为暴，利尽西海，诸侯不以为贪，是我而一举实名两副，而又有禁暴止乱之名。"司马错还提出了一个更重要的观点：蜀国有直通荆楚的江河，巴国有彪悍的士卒，乘船东下可直逼楚国。因此"得蜀则得楚，楚亡则天下并矣。"司马错乃司马迁的先祖，实在不愧为战国时期一代杰出的将领，他不仅有充分的南下依据，更重要的是，他站在宏观大局上阐明了进军巴蜀的战略意义。

于是，秦惠王采纳了司马错的主张。公元前316年秋，秦军沿着蜀国开通的石牛道，越过秦岭，直取成都。当年金牛道的南端进入成都市北部时，正是沿着古升仙水逆流而上的。秦、蜀两军在升仙水畔是如何作战的，史料没有详细记载，但战斗的发生是可以肯定的。

秦蜀战争的结果是蜀国灭亡了。开明蜀王败逃至武阳（今眉山市彭山区）

被秦兵杀害，太子及其丞相率领的蜀军残部则在白鹿山（今彭州市）败亡。只有号为安阳王的蜀王子带领部属三万余众一路南逃，最终在中南半岛的交趾站稳脚跟，建立了海外的另一个蜀国，并且在此地称雄达一百多年以后才被南越国所灭。

东汉开国最后一战

　　距离古蜀灭亡几百年后，刘秀再度统一中国，最后一战在成都江河上展开，而升仙水正是战场的一角。

　　西汉王莽新朝末年，天下大乱，绿林、赤眉相继起事，各地方官吏也趁机割据，更有野心者便龙袍加身，自立为王。驻守蜀郡临邛的导江卒正（即秦汉时的郡守）公孙述乘乱断绝巴蜀对外交通，关门自立蜀王。不久又在谋臣李熊的建议下于建武元年（25）在成都称帝，建立"成"国。李熊劝公孙述自立的理由除了蜀地沃野千里，出产丰盈和"战士不下百万"之外，便利的水上交通也是其重要因素。蜀地有"浮水转漕之便"，可"东下汉水以窥秦地，南顺江流以震荆、扬。所谓用天因地，成功之资"。公孙述称帝后，除了大兴土木建宫殿外，还建造了一艘用锦帛装饰的皇家御用的赤楼帛兰船，这艘大船楼高达十层，可见当年成都江河水流深阔。

　　公孙述龙兴十一年，也就是光武帝建武十一年（35）秋，光武皇帝刘秀在完成北方统一后，立即派几路大军围剿西南最后一个割据政权"成"国。其中东路军由善于水战的大将岑彭率领。其实早在公孙述攻打荆州时，汉军就开始大造战船，训练水军。此刻岑彭正是带领这支东路军从三峡溯长江、岷江逆流而上，一路所向披靡，破江州（重庆），占武阳（彭山），随即又派精骑袭击广都（双流）。公孙述眼看成都危在旦夕，使刺客诈降，刺杀岑彭于武阳。岑彭驻地名为"彭亡"，是彭祖归天之处。据《后汉书·岑彭传》载，岑彭对驻地："闻而恶之，欲徙，会日暮，蜀刺客诈为亡奴降，夜刺岑彭。"岑彭死后，公孙述乘势收复了武阳、南安（乐山），才暂时阻止了汉军攻势。

　　建武十二年（36），刘秀命大将吴汉接替岑彭，领水军三万从夷陵逆流而上。次年春，汉军从南安进占鱼凫津（眉山境），大败蜀军，再围武阳。公孙述派女婿史兴急调五千人马增援，双方在广都（双流）大战，结果史兴被杀，蜀军被打得大败。吴汉兵逼近成都，骑兵烧毁了成都西南郊的市桥，蜀军一片混乱。刘秀谙熟兵法，曾发诏书告诫吴汉，成都城中尚有蜀军十万，万不可轻敌，并要求吴汉攻取成都时"安军宜在七星桥间"。七星桥，指的就是李冰时期的七桥。可吴汉置若罔闻，却在成都西门外的检江（锦江）北岸扎营，并架设浮桥；又派副将刘尚带万余人驻扎检江南岸，使部队相距二十多里。刘秀听闻吴汉布阵，惊出一身冷汗。果然汉军遭到十万蜀兵的多路猛攻，汉军激战一日不敌，江面漂满了尸体，只好退入营中。

此时汉军北路人马由宫臧率领已攻占繁县（今彭州、郫县一带），对成都形成合围之势。危急中，公孙述采纳部将延牙之策，重金募集五千人组成死士。然后派人在郫江（府河前身）北岸市桥大竖彩旗，吹奏军乐，做佯攻状。汉军士兵没见过这般阵势，纷纷出营看热闹。蜀军敢死队却突然迂回至汉军阵中，把汉军截成两段。吴汉慌乱掉落江中，幸亏揪住马尾巴才爬上岸来。惊魂未定的吴汉败退广都，收拢人马，发现只有七天军粮，于是打算撤兵。这时，刘秀新任命的蜀郡太守张堪领七千兵马赶到，阻止吴汉退却，并献诱敌深入之计。吴汉遂使宫臧在成都城北三战三败，诱公孙述率数万蜀兵出城决战。汉军坚守不出，当蜀军从早至午被拖得疲惫不堪时，汉军才趁机进攻，蜀军顿时大乱。吴汉护军高午一马当先，于乱军中将公孙述刺下马来。公孙述虽被救回城中，但当晚便一命呜呼。成国皇帝一死，其属下延岑便开城投降，割据巴蜀的成国政权覆灭，国家复归统一。

刘秀灭成战争打了两年多，是役的最后一仗在成都城外围展开，尤其城北的激战，收了公孙述的老命，也将割据巴蜀十二年的成国彻底剿灭。但战乱给川西人民造成了极大灾难，特别是成都破城后，"连屠大城"，非但公孙述及其将领遭遇灭族，而且因汉兵在城中大肆烧杀抢掠，屠城三日，竟致数万无辜生灵惨遭涂炭。

呜咽长鸣的升仙水见证了成都有史以来第一次大劫难。

刘禅和平交接

成都政权的更迭总是血雨腥风，但也有例外。一千七百多年前，升仙水见证了一场和平交接。

蜀汉炎兴元年（263）冬，后主刘禅脱下华丽的锦袍冬衣，换上一件单薄的粗麻短衫，命人将自己双臂反绑了，然后率领太子、宫妃及光禄大夫谯周、侍中张绍、驸马都尉邓良等一般大臣六十余人，抬起棺材牵着羊，出了成都城东北的朔门，径直朝十里外的升仙桥缓缓而来。

刘禅是来向魏国征西大将军邓艾投降的。

两天前，刘禅就派人到雒城（今广汉）的魏军大营，向邓艾上呈了降书。刘禅在降书中说明了投降的理由："限分江汉，遇值深远，阶缘蜀土，斗绝一隅，干运犯冒，渐苒历载，遂与京畿攸隔万里。……天威既震，人鬼归能之数，怖骇王师，神武所次，敢不革面，顺以从命！"表示西蜀离开中原王朝太久了，是到回归的时候了！

战败者抬棺牵羊，反绑双手，是仿效古人，表示向胜利者驯服，这是投降仪式中不可或缺的内容。

邓艾是个知礼仪的军人，对刘禅这位亡国之君很客气，《三国志》记载："艾至城北，后主舆榇自缚，诣军垒门。艾解缚焚榇，延请相见。"很快，魏国朝廷也下旨，封刘禅为骠骑将军，并且允许其继续居住在原来宫中。

东汉末年，刘备率诸葛亮和关羽、张飞等一干人马经多年奋力打拼，于建安十九年（214）占据成都，建立起了天下三分有其一的蜀国，史称蜀汉。刘备入蜀，从川东夔门而来，先占领了成都北部重镇雒城（今广汉），然后从城北迫近，沿升仙水对成都形成半包围之势。成都之主、益州牧刘璋引狼入室，又被张松、法正出卖，只好投降到湖北公安去做了寓公。

之后，魏蜀吴三国相互攻伐。蜀国在诸葛亮执政时曾经六出祁山北伐中原，但是均铩羽而归；诸葛亮死后，接任者姜维也在十年中五次北伐，耗尽国家财力，结果依然是仗仗惨败。

天下大势分久必合。景耀六年（263），司马昭派三路大军攻蜀，其中邓艾军队则绕过剑门关，从阴平道直插江油，蜀国守将马邈不战而献城投降，诸葛瞻父子在涪城（绵阳）战死。在此存亡之际，刘禅采纳了蜀中士人谯周的主张，开城降魏。

若继续打，蜀国还是有些本钱的，姜维尚有十多万人马在剑门关一带，成都只要紧闭城门固守待援，定可坚守一些时日；更何况还有巴郡和广大的南中之地，与魏军长期周旋待变亦未尝不可。只是这样一来，不仅成都城要毁于兵燹，怕是整个巴蜀都要燃起战火。作为一个有仁德的皇帝，首先应当考虑的是天下苍生。为一己私利的争斗，牺牲万千百姓的生命，实在是一种罪恶！况且魏国并非蛮夷外族，乃是华夏正宗。既然蜀国无力逐鹿中原，让魏国来统一，何尝不是一种选项，何必非要打得尸横遍野，血流成河呢？

战争造成的动荡，刘禅具有切肤之痛。建安十三年（208），曹操在长坂坡大败刘备。刘备丢弃妻小，自顾逃命。多亏得赵云相救，襁褓中的阿斗和母亲甘夫人才"皆得免难"。《魏略》曾记载了一个史事：刘备驻扎在小沛时，一天曹操又突然杀来，刘备再次独自亡命荆州，只有几岁的小阿斗混迹在逃难的百姓人群中来到汉中，结果被人贩子拐卖。扶风人刘括买得刘禅，养以为子，并为其娶妻成家。刘禅与刘备失散时，记得其父字玄德。邻居有个姓简的人，在刘备攻取益州当了将军，刘备派遣简某到汉中来查明真相，最终才由张鲁将刘禅送归益州立为太子。刘禅的战乱经历，使他痛切地憎恶战争的残酷。

刘禅十七岁即位后，他本以为可以过上安稳日子了，却不料蜀国依然内外战争不断，从建兴元年（223）至十五年（237），内部先后有牂牁太守朱褒，益州大姓雍闿，越嶲郡夷王高定等人叛乱，同时还有诸葛亮南征，以及六出祁山。这些征战不仅耗费了蜀国大量财力，而且使得青壮人口大减，真是民不聊生！

一生大部分时间都在战争中度过的刘禅深知战乱的痛苦。

世人都传诵诸葛亮的鞠躬尽瘁死而后已，却不知刘阿斗的宽厚仁德。建兴五年（227）三月，刘禅给屯兵沓中（今甘肃舟曲）的诸葛亮下诏书，告诫说："朕闻天地之道，福仁而祸淫；善极者昌，恶积者丧，古今常数也。是以汤武修德而王，桀纣极暴而亡……夫王者之兵，有征无战，尊而且义，莫敢抗也，故鸣条之役，军不血刃，牧野之师，商人倒戈。"他要求蜀军："今旆麾首路，其所经至，亦不欲穷兵极武。"这些文字既是提醒丞相，又何尝不是刘禅的治国之道以及他内心向善的流露！直到最后亡国，刘禅还不忘在降表中请求魏军怜恤蜀国百姓："大魏布德施化，宰辅伊、周，含覆藏疾……"一代帝王能具备这种仁德的品质，应该说是很难得！这一方面是中国文化的熏陶，另一方面也是战乱留给他的启示。或许正是基于内心对和平的极度渴望，促使刘禅选择了放弃抵抗。他的这一决定，对蜀汉宗庙固然是一种耻辱，却使成都避免了如西汉末年那样的一场大杀戮，而且加速了国家的再次统一，适应了历史潮流，这是很值得肯定的。

然而，历代文人似乎对刘禅不以为然，文艺作品更是视其为大傻子。于是有了"乐不思蜀"的千古笑谈。其实，这条史事却并非出自史家陈寿的《三国志》，而是为其作注的宋人裴松之所引《汉晋春秋》之说，真伪实在难以辨别。即使真有其事，又能证明什么呢？当年曹操与刘备煮酒论英雄，一个惊雷把刘备手中筷子都吓掉了，结果刘备被人誉为大智若愚，刘禅继承乃父的韬晦之计，却被视为傻子。岂不是典型的成王败寇论！

真实的刘禅是一个知识丰富、有气度、有作为的君王。诸葛亮曾评价他：

"知量甚大，增修过去期望。""朝廷年方十八，天资任敏，爱德下士。"首先是仁德。在位四十一年，大赦竟然有十四次之多，这在历代帝王中是绝无仅有的。无论他出于什么样的目的，都不可否认这是皇权专制时代的一种"仁政"，比起那些动辄杀掉成千上万人的暴君来，"胸无大志"的刘禅更具几分人情味。其次是宽容。从章武三年（223）刘备永安宫托孤后，整整十二年中，蜀汉政权完全执掌于丞相一人之手，且丞相还不时对他耳提面命，史上哪个君王能有如此大的包容度？再次是简朴。史上从没有关于刘禅骄奢淫逸的记载，有一年他想充实后宫乐人，结果还被谯周劝阻。刘禅当皇帝时走得最远的一次就是去都江堰。《三国志》载：建兴十四年夏，"后主至湔，登观阪，看汶水流，旬日还成都"。观阪，即是离堆。可见，这次出行是有可能参加祭祀李冰的活动。此外，刘禅还去过龙泉山，传说今洛带镇就因其玉带落井而得名；还去过望川原（江安河）坐船游江，这也不过就在温江或双流一带。

至于说重用宦官黄皓，倒的确是刘禅的失误，但那不过是蜀汉最后五年的事。其实黄皓仅仅是做了压垮蜀汉的最后一根稻草。

古代成都人民对刘禅降魏是持肯定态度的。宋代之前，汉昭烈庙一侧，与武侯祠相对应的还有一座孝怀庙，祭祀的就是刘禅。后来地方官为突出诸葛亮，拆除了此庙。老百姓为刘禅鸣不平，遂另寻地址为无处安身的刘禅重新建了一座庙，取名安乐寺，位置在今西南影都一侧，寺庙前门在人民中路，后门在提督街。安乐寺到民国时还存在，抗战胜利后一度成为倒卖军用物资和银圆交易的黑市；20世纪五六十年代，被改为成都中心菜市，即后来的红旗商场，80年代修建蜀都大道时才最终拆除。

数百年烽烟不断

升仙水在经历了蜀汉的和平交接后，仅仅过了数十年，便遭遇了另一场战争。

西晋虽先后灭掉了蜀、魏，使华夏再次走向统一，但西晋却是个短寿王朝，司马炎之后，新即位的惠帝是个白痴。元康六年（296），秦州（天水）、雍州（西安）氐羌人暴动，关中地区兵荒马乱，加之连年灾情，大批流民往汉中和巴蜀就食。永守元年（301），当西晋朝廷决定遣返入蜀流民时，遭到坚决抵制。流民首领李特趁机集结七千多人在绵竹揭竿而起。李特自称镇北大将军，李流为镇东大将军，旬月之间就壮大至数万人。李特在石亭打败官军后，分两路大军合围成都，北路派其弟李骧乘胜进攻北门。李骧屯军成都城北毗桥、升仙桥一带，官军出城挑战，双方在城北升仙水畔杀得昏天黑地，最后李骧获胜，缴获器甲无数。李流也进至城北，准备攻城。官军使诈降术探知李骧只有二千人马，采用夜袭击破李骧营。李骧率残部逃至李流军中，合力反击官军，双方在升仙水两岸又是一场大战。

这是升仙桥见识的一次惨烈的战斗。

当北路李骧与官军在城北鏖战时，南路李特军却从赤水（黄龙溪）渡江，相继攻克了郫县、广都，对成都造成了铁壁合围之势，逼迫蜀郡太守徐俭只好开城投降。李特在成都少城改元"建初"，称王立国。但不久李特即被害。西晋光熙元年（306），李雄即皇帝位，以青城山道士范长生为相，学公孙述，定国号为成。后传位至李寿时，再改为汉，故史书称李特建立的流民割据政权为成汉。

成汉国一度歌舞升平，在西晋末年曾经有过昙花一现的繁荣。因此成汉国的第四任皇帝李寿也想学习王濬，造大舰练水师。然而历史却没给他机会，即位仅仅五年就病逝了。成都在经过短暂的和平后，东晋永和二年（346），江河上烽烟骤燃，桓温率大军溯江而上，在江口登陆，与成汉军大战于检江笮桥一带（今锦里路百花潭至彩虹桥）。成汉皇帝李势不惜举倾国之兵与桓温决一死战。形势眼看对东晋军队不利，连参军龚护也战死了。桓温只得下令让军队撤退。却不料，鼓史犯错，将退兵鼓击成了进军鼓，结果令东晋军队士气猛增，李势的部队反而一败涂地。桓温乘势挥兵杀入成都，焚火烧城。成都城再次遭受大劫难。李势最后也投降，西晋流民李特建立的成汉政权最终被东晋灭掉了。

李势虽然投降了，但成汉的一些旧臣却陆续拥兵自立，形成了大小军阀割据的混乱局面。之后，成都江河上硝烟不断，从东晋到南朝，整个巴蜀地区都在南北对峙的动荡中，成都的"主人"如走马灯变幻无常。直到隋朝建立，成都总算安定下来，隋统治者因袭前人经验，以成都平原作为重要基地，在检江上大造舟舰，为灭陈而统一全国作准备。开皇元年（581），虢州刺史崔仲方给隋文帝杨坚上奏章："速造舟楫，多张形势，为水战之具。蜀、汉二江是其上流水路冲要，必争之所。"成都的江河再次担负起了促进国家统一的重任。

然而隋朝命短，仅仅三十多年就灭亡了。唐初李渊在灭隋过程中，再次借助成都平原的富足与水运资源，"运剑南之米，以实京师"，并以巴蜀师顺江而下直捣江陵，最终完成了全国统一。《旧唐书·陈子昂传》中有诗人陈子昂一段话："蜀为西南一都会，国家之宝库，天下珍货聚出其中。又人富粟多，顺江而下，可以兼济中国。"其言与当年张仪之语如出一辙。

然而至晚唐，成都江河之间烽烟再起。这回来犯的是云贵高原的南诏军。

"安史之乱"前，大唐西部和南部的两个少数民族政权结成联盟，它们在大唐边疆攻城略地，不断扩张。吐蕃的势力东向扩展到川西山区，南诏则北进至大渡河流域。蜀地前所未有地遭遇到两面威胁。其中南诏更是一度攻到成都城下。

太和三年（829），南诏大臣王嵯巅率军占领成都城西十日，撤退时掠走了大量珍宝和数万子女、工匠。"其所剽掠，自成都以南，越嶲以北，八百里之间，民畜为空。"退至大渡河边时，王嵯巅对被掠的成都人说："此南吾境也，听汝哭别乡国。"一时间，大渡河畔哀号震天。诗人雍陶用《哀蜀人为南蛮俘虏》四首诗记载了这悲伤的一幕："但见城池还汉将，岂知佳丽属蛮兵。锦江南渡遥闻哭，尽是离家别国声。""大渡河边蛮亦愁，汉人将渡尽回头。此中剩寄思乡泪，南去应无水北流。""越嶲城南无汉地，伤心从此便为蛮。冤声一恸悲风起，云暗青天日下山。""云南路出陷河西，毒草长青瘴色低。渐近蛮城谁敢哭，一时收泪羡猿啼。"

咸通十一年（870），由南诏改称的大理军分两路攻入剑南，其中酋龙指挥的一路，占据新津、双流后，再次兵临成都城下。城北升仙水两岸驻满了大理军，茂密的林盘被砍伐得七零八落；城外百姓扶老携幼纷纷逃入城内。据记载，入城百姓每户占地不过一床，全城人口将井水都喝干了，幸亏有隋朝留下的摩诃池，才解救了人们干渴之苦。

大理军先与唐军在城北升仙桥大战，后来唐军退回城内坚守。大理兵爬云梯攻城，守军则烧滚油下倾；过几天，大理军编竹篷作防护再来攻城，守军复以铁水下浇，才不致城破。此时东川节度使颜庆复正率领唐军援兵火速赶来。酋龙知大理军不能敌，遂将俘虏蜀人悉数削去鼻耳。一时间"居人刻木为耳鼻者什八"。

敌军刚退，颜庆复忙令新开护城河，以增强城北、城东防御。

乾符元年（874），大理军贼心不死，再度来犯，朝廷急派高骈入蜀。高骈人尚在梓州，便令成都洞开城门，遣返入城避难百姓。属下不解，担心敌兵趁机攻城。高骈却胸有成竹。果然，大理军听说高骈到了，便星夜向雅安逃窜。高骈到成都后，急令五千骑兵穷追，最终在大渡河边赶上了大理军，并捉了几十个酋长回成都斩首示众。

高骈来成都，首先巩固边疆国防，修筑关隘城池。其次是扩建成都大城，开凿清远江，即：在九里堤修縻枣堰，使郫江改道，经城西北绕城东而流，在城东南合江亭与检江汇合，从而使成都城防得到进一步加强，也使一千多年以来府南河"二江抱城"的城市景观得以形成。

由李冰开凿的成都二江并流的水系格局从此结束，秦汉以来六百年"二江珥市"的城市面貌也发生了根本变化。

前、后蜀升仙桥乞降

晚唐之后至五代时期，升仙水虽然很少有战事发生，却见证了两个偏安王朝的相继灭亡。

成都老城区西北部三洞桥路和永陵路旁有一处著名文化名胜，是目前为止我国唯一的地上皇陵。此墓由著名考古学家冯汉骥先生于1942年发掘。这就是全国文保单位永陵博物馆，成都人俗称的王建墓。

王建（847—918）字光图，河南舞阳人，平民出身。青年时期贩盐，后从军，凭借智勇兼备，一路升至宫廷禁军将领。唐朝末年，军阀混战，群雄割据。光启二年（886）王建任利州刺史，开始经略巴蜀。大顺二年（891）八月，时任西川节度使王建领兵围攻成都。锦江上战火绵延五十里，不久成都城即告破。王建以川西为根据地，四处攻伐，先受唐封为蜀王，随后便在朱温代唐之后，于天祐四年（907）在成都称帝，改元武成，国号蜀，史称前蜀。王建在位十二年，大力发展生产，实施了休养生息、抑制豪强、选贤任能、繁荣文化等一系列措施，使蜀地社会相对稳定，经济与文化得以在唐代的基础上继续发展。

武成三年（910）夏，川西暴雨如注，岷江陡涨，流江和改道后的郫江一时洪水滔滔，眼见成都要成泽国，王建急忙到江神庙叩拜。据说这天夜里，都江堰堤坝上人声鼎沸，火光闪烁，天亮一看，大堤向南移了数百丈。导江县令黄璟向王建报告这一奇观，青城山道士杜光庭借机作《贺江神移堰笺》大肆渲染江神仙灵："当灌口之上游，遽张神力。于是震霆窠地，白雨通宵。驱阴兵而鼓噪连天，簇灵炬曰萤煌达曙。回山展石，巨堰俄成。浸淫顿减于京江，奔蹙尽移于硖路。仰由圣感，仍假英威。见天地之合符，睹神明之致祐。"

派李冰率阴兵连夜抢修大堤，以保障帝都安全。王建大喜，封杜光庭为金紫光禄大夫。

可江神并没保佑前蜀江山万年。光天元年（918），王建病逝，其幼子王衍继位。王衍荒淫失政，仅仅数年就被后唐所灭。

王衍即位时，最初也欲像王建一样开疆拓土，有番作为。遂于乾德二年（920）八月大举北伐。王衍把自己打扮成二郎神，引来沿路百姓惊叹。蜀军在陇州打了个胜仗，却因后勤不济而班师。王衍从嘉陵江南下，龙舟画舫，浩浩荡荡，威风八面。这次所谓的北伐，实际上是王衍的一次游乐猎色活动。不仅如此，他还在蜀地大选嫔妃充实后宫，《蜀都名胜记》云："衍大选良家子以备后宫，限年十五以上二十以下。于是后宫有昭仪、昭容、昭华、保芳、宝香、宝衣、安宸、安跸、安情、修容、修媛、修娟十二号，秩比公卿大夫士焉。"正当王衍沉浸在温柔乡中醉生梦死之际，后唐大军却枕戈待旦准备伐蜀了。

咸康元年（925）十月，也就是后唐庄宗的同光三年十月，正当王衍在外沉湎于与美人歌舞宴乐之时，后唐庄宗遣兴庆宫使魏王继岌、枢密使郭崇韬率大军攻临蜀境。王衍混在嫔妃队伍中回到成都，群臣众叛亲离，大势已去矣。

王衍只得脱去二郎神的珠帽金甲，身穿白衣，头扎草绳，叫人抬着棺材，到升仙桥迎候后唐大军，并恭恭敬敬呈上降表："臣先人受钺坤维，作藩唐室。一开土宇，垂四十年。属梁孽挺灾，皇纲解纽，不能助逆，遂至从权，勉徇舆情，止王三蜀。逮臣篡绍，罔敢怠遑，自保土疆，以安生聚。陛下嗣唐、虞之业，兴汤、武之师，廓定中区，奄征不谖。梯航毕集，文轨大同。臣方议改图，便期纳欵，遽闻致讨，实抱惊危。今则委千里封疆，尽为王土；冀万家臣妾，皆沐皇恩。舆榇有归，负荆俟罪。望回日月之照，特宽斧钺之诛。颙仁德音，以安反侧。"①

---

① 袁说友编：《成都文类》，中华书局，2011年12月第一版，第386页。

北宋史学家薛居正在《旧五代史》卷一三六记载了升仙水畔这个投降的场面：

> 其（十一）月二十七日，魏王至成都北五里升仙桥，伪百官班于桥下，（王）衍乘行舆至，素衣白马，牵羊，草索系首，面缚衔璧，舆榇而后。魏王下马受其璧，崇韬释其缚，及燔其榇。衍率伪百官，东北舞蹈谢恩；礼毕，拜，魏王、崇韬、李严皆答拜。二十八日，王师入成都。

割据巴蜀十八年的前蜀王朝至此覆灭，后唐大军从出发到灭蜀不过两月余。

历史常常很吊诡，无独有偶，四十年后，升仙桥上再演投降剧。

前蜀灭亡后，西川节度使孟知祥割据四川的野心日益昭彰。与孟知祥同样怀有野心的东川节度使董章闻知孟知祥欲称帝，遂起兵讨伐。二人原本为姻亲好友，但在帝王野心驱使下，反目成仇。两军在成都以北大打出手。为防城破，孟知祥命人在唐代所筑的罗城外再兴建了高达五丈的羊马城，形成了一道坚固的城垣。后唐长兴三年（932），董章军越过升仙水攻至城北，孟知祥凭借羊马城的坚固，多次打退董章的进攻。这是晚唐以来升仙水发生的唯一战争。之后，董章父子被后唐皇帝明宗所杀，而孟知祥则用搜刮成都人的金钱买通后唐明宗，不仅得了东西两川节度使衔，还被封为蜀王。

后唐应顺元年（934），明宗死去，孟知祥立即学王建在成都称帝，改元明德，史称后蜀。可孟知祥命短，当了半年皇帝，就呜呼哀哉了。其子孟昶即位，就是那位命人广种芙蓉、使成都有了蓉城雅号的皇帝。

孟昶即位不久就大兴土木营建皇宫，不仅重筑羊马城，而且重开护城河。短短数月就费钱一百二十万串。广政十五年（952）六月初一，孟昶在宫中看戏，因川西暴雨，都江堰大概岁修不到位，洪水涌入市区，淹没房屋上千间，淹死五千余人，连皇家的太庙都部分冲毁。孟昶只好开仓赈灾。

虽然孟昶想有一番作为，并且也一定程度上发展了经济与文化事业，但孟昶本人生活奢靡。据清吴任臣《十国春秋》卷四十九《后蜀二·后祖本纪》说："溺器皆以七宝装之。每腊日，内官各献罗体圈金花树，所费不赀。"溺器，雅名虎子，俗称夜壶。孟昶使用的夜壶竟然以珍珠玛瑙装饰，足见其奢靡的程度。

宋建隆元年（960），赵匡胤取后周而代之，便思谋消灭后蜀。乾德三年，即后蜀广政二十八年（965），孟昶闻北宋大军已至巴蜀国门，忙令太子领兵抗敌。然而，太子孟元喆更是个公子哥儿，一路玩耍到绵州，听说剑门关已失，掉头就往回跑。宋军如入无人之境，紧追至成都。

孟昶见无力回天，只好效仿前蜀王衍，再演一次乞降剧，到城北升仙桥恭呈降表：

> 臣生自并门，长于蜀土。幸以先臣之基搆，得从幼岁以篡承。只知四序之推移，不识三灵之改卜。伏自皇帝陛下大明出震，圣德居尊，声教被于遐荒，庆泽流于中夏。当凝旒正殿，亏以小事大之仪；及告类圜丘，广执赞奉琛之礼。盖蜀地居遐僻，路阻阙庭，已惭先见之明，因有后世之责。今则皇威电赫，圣略风驰。干戈所指而无前，辇鼓绕临而自溃。山河郡县，半入于提封；将卒仓储，尽归于图籍。但念臣中外骨肉二百余人，高堂有亲，七十非远，弱龄侍奉，只在庭闱，日承训抚之恩，粗勤孝养之道。实愿克终甘旨，保此衰年。其次得子孙之团圆，守血食之祭祀。伏乞皇帝陛下，容之如地，芘之如天，特轸仁慈，以宽危辱。臣复辄征故事，上黩严聪。窃念刘禅有"安乐"之封，叔宝有"长城"之号，皆因归款，盖获全生。顾眇眇之余魂，得保家而为幸。庶使先臣寝庙，不为樵采之场；老母庭除，尚有问安之所。见今保全府库，巡遏

军城，不使毁伤，将期临照。臣昶谨率文武见任官望阙上表归命。①

具有讽刺意味的是，孟昶的降表是其宰相李昊所修。这李昊是曾经为前蜀王衍写过降表的老手，此次重操旧业，堪称轻车熟路。于是夜间便有人在其家门上写"世修降表世家"几个大字表示蔑视。倒是孟昶妃子花蕊夫人写下了一首《述亡国诗》，把后蜀皇帝和朝廷肉食者们大大嘲讽了一番："君王城上竖降旗，妾在深宫那得知。二十万人齐解甲，宁无一人是男儿。"

短短数十年间，先后两个偏安朝廷在升仙水边屈膝投降，历史的重演常常很是惊人！

---

① 袁说友编：《成都文类》，中华书局，2011年12月第一版，第387页。

升仙水狼烟再起

北宋虽然灭了后蜀，但四川长期处于动荡，成都江河上硝烟不断。先有后蜀残余势力叛乱，赓即又有各地农民暴动。

王小波、李顺失败后不久，"咸平三年（1000）春正月，益州军乱，推神卫都虞侯王均为首。八月，知益州兼川陕招安使雷有终败贼党，复益州，追斩王均于富顺监……"《成都文类》收录的这篇《逆贼王均平降德音》记录了成都这次因士兵暴动而引发的战争。

事件的起因是戍卒赵延顺不堪上司符昭寿欺压，率众杀死符昭寿，占领成都，拥戴原益州神卫都虞侯王均为主，称"武威元皇帝"，改元化顺，国号大蜀，设置官职，并开科取士。大蜀原是李顺的国号，但此时距离李顺失败已经好几年，国号还被人继承，可见王小波、李顺起义影响之深远。

王均一度势大，兵力达十万之众。同年二月，王均领兵北攻绵州、剑门，其部将崔照、鲁麻胡守成都。北宋蜀州（崇州）知州杨怀忠从城领兵前来成都围剿，双方大战于江渎庙，不分胜负。杨怀忠又列阵锦江笮桥附近，欲背水决战。王均派三路人马抄杨怀忠老巢，且烧了江原神祠，官军仍不撤退。王均只得退入城中坚守。《宋史·雷有终传》记载这次作战："均众皆银枪绣衣，为数队，分列子城中。贼兵出通远门，与怀忠战数合，会暮，怀忠复退军笮桥，背水列阵，砦楮木桥南，以扞邛、蜀之路。贼故不复能南略，自清水坝、温江、金马三道来攻楮木砦，出官军后，焚江原神祠，断邛、蜀援路。怀忠三路分兵以抗之，斩首五百余级，驱其余众入皂江，获甲弩甚众。乘胜逐贼至益州南十五里，砦于鸡鸣原，以俟王师。均亦闭成都东门以自固。"

宋真宗听说成都不克，遂命大将雷有终统大军入蜀。雷有终先屯兵城北升仙桥一线，王均则诱敌深入，打得官军大败。雷有终越墙逃出。杨怀忠排兵于合水尾至浣花溪，王均派军继续追击退至汉州（广汉）的雷有终，自己则率军自升仙桥开始攻击杨怀忠。战斗之激烈，王均士卒战死千余人，赵延顺也在激战期间中流矢而亡。升仙水都染成了红色，仍不能取胜官军。王均再度退回城中。

王均坚守成都不灭，宋朝廷又派秦翰等率八千步骑入蜀。升仙水畔再次发生血战。最后官军挖地道攻入城内，王均突围，急行富顺准备渡江去泸州，官军穷追而至。王均兵败自杀。历时近一年的兵变终告平息。这次战乱主战场在城北升仙水一线。《宋史·雷有终传》屡屡提及升仙桥的拉锯战，足见城北这场战斗的惨烈。

两百多年后的南宋末，蒙古铁骑兵临城下，成都江河上再次遭遇硝烟。端平三年（1236），阔端率蒙古大军从剑门关一路杀来，从城北沙河驷马桥（此时已不叫升仙水和升仙桥）到"二江"两岸尽为蒙军占据。四川制置副使丁黼趁夜出战，与蒙古兵在西门石笋街大战不敌，导致城破，丁黼率众退入城中与敌巷战。蒙军破城后，阔端令占卜者测吉凶，结论是不可久留。阔端乃书"火杀"二字，于是蒙古兵纵火焚城，居民惨遭屠戮。成都江河见证了从西汉末年以来成都城遭遇的又一次大劫难。

之后的几十年里，宋元两军为争夺西川，多次在成都作战。最激烈的是咸淳八年（1272）底，南宋嘉定（乐山）知府昝万寿趁元军成都兵力空虚之机，领军从岷江溯流而上，直逼成都东门外沙坎（即沙河堡），元守军步鲁合答被打得大败。昝万寿进城将数千百姓带走，刘思敬统领元西川军进攻昝万寿，最后在青城山才击败了宋军。宋元的拉锯战，对千年成都的文化造成了空前的大破坏。

晚明的战火

明代晚期，沙河再一次经历了战火的摧残。与历次战争多发生在城北，即沙河上游不同，这一次的激战发生在沙河下游，亦即东门之外。

战争的挑动者是永宁（今古蔺、叙永一带）的土司奢崇明。

明代时期的永宁属于彝族聚居区。朱元璋洪武四年（1371）平定四川后，设置永宁卫。到万历末年（1620），永宁宣慰使（俗称土司）的职位从奢效忠手中转给了侄儿奢崇明。奢崇明是一个有政治野心的人，表面恭顺朝廷，心中却时时处处在寻找机会叛变。

机会终于来了。崛起的后金在东北发动了对大明的进攻，辽东战事告急，奢崇明立即上书朝廷，表示愿意率领三万士兵前往驰援。得到朝廷同意后，奢崇明便正大光明大造军械，招兵买马。明熹宗天启元年（1621）九月六日，奢崇明率军从永宁出发，正式扯起了反叛的大旗。之后，叛军迅速占领了重庆，将前来点兵抗击后金的四川巡抚徐可求以及道、府、总兵府等数千名官员杀害，并相继攻陷了川南的合江、纳溪、泸州和黔北重镇遵义。随后建立"大梁国"，自称皇帝并设置了丞相等一应官职。

奢崇明反叛后，贵州水西卫（今黔西、大方、纳雍、织金一带）土司安邦彦也起兵叛乱了。早在洪武四年，贵州宣慰使蔼翠就归附朱元璋，被赐姓安，世袭水西宣慰使。安氏土司并非安分之人，如今见奢崇明反叛，也趁机起兵，于天启二年（1622）初占领贵阳。据清代谷应泰《明史纪事本末》载：十万水西兵"沿山扎营，四面伏路把截，以断城中出入"。贵阳被围困达二百九十六天之久。

　　成都也遭遇了同样的厄运。奢崇明占领重庆后，一路西进向成都直扑而来，一举突破了官军龙泉驿防线，逼近成都城下。奢崇明将大本营设在沙河堡，军队沿沙河一线驻防。天启元年十月十八日，叛军开始攻击北门，"或挖城脚，或树竹梯，或打弩放铳，或举火烧门。若此者三昼夜不绝"。当时城内只有两千士兵，四川总督朱燮元一面派人缒城外出求援，一面令灌县放水灌护城河，使叛军攻势得以减缓。到十一月，终于等到了各地援军。然而各路官军尽管与叛军激战不断，却因叛军势众，终不能解成都之围。守城官军只得"造水牌二百余面，顺流放下。令各有司沉船断桥，以待贼逸"①。

　　天启二年正月二十八日，刚刚从辽东前线回到家乡的石柱土司秦良玉，即刻率领六千"白杆兵"赶到新都，随即便在成都城门外的跳蹬河一带与敌连续激战两日，一举击溃了奢崇明的沙河防线。

　　奢崇明在秦良玉和城内外各路官军的围攻之下，最后败退撤出成都地区。从头一年的十月十七日开始至叛军撤离，成都城北围困达一百〇二天，使城内"盐菜鸡豚俱尽，夜无犬吠，米价高腾"。若非秦良玉赶到，成都城恐怕又要遭一次兵燹之祸。秦良玉千里解成都之围，是这位女将军对于成都历史文化的一个伟大贡献。

　　秦良玉（1574—1648），字贞素，四川忠州（今重庆忠县）人，明末著名女将军。秦良玉丈夫马千乘是汉伏波将军马援后人，世袭石砫宣慰使。马千乘去世后，秦良玉代领夫职，并率领兄弟秦邦屏、秦民屏先后参加抗击后金、奢崇明、张献忠等诸多战役，战功显赫，被封为二品诰命夫人。崇祯皇帝曾作诗四首赞颂秦良玉。历朝历代修史，女性名人都是被记载到《列女传》里，而秦良玉是史上唯一作为名将被载入正史将相列传里的巾帼英雄。

---

① 这一传递消息的办法在二百九十年以后再次被革命党人所运用，史称"水电报"。

　　成都之围解除后，秦良玉带领她的白杆兵一路追杀叛军至川南，在奢崇明老巢与其多次大战，最终会同大明官军平息了这次彝族土司的叛乱。奢崇明父子逃往水西，依附于安邦彦。天启六年（1626），奢崇明儿子奢寅被部下杀死。崇祯二年（1629）八月，奢崇明欲东山再起，号称大梁王，而安邦彦号四裔大长老，二人合兵全力进攻永宁，但遭到朱燮元所率川、黔诸军的包围，全军覆没，奢崇明、安邦彦俱败身死。

黔军败退东大路

萧赛所说的"黔军打川军，川军打黔军"，指的是民国六年（1917）七月在成都爆发的第二次军阀巷战。第一次巷战是同年4月川军第二师刘存厚与滇军罗佩金的巷战。罗佩金战败被驱逐。滇军战败退出成都后，黔军戴堪渔翁得利，独揽了四川军政大权，于是又爆发了川军与黔军的成都巷战。

戴堪系贵州贵县人，早年留学日本，与立宪派人士梁启超、蔡锷等过从甚密。袁世凯称帝时，蔡锷组织各路人马讨袁，戴堪被任命为黔军护国军第一路军右翼总司令，跟随蔡锷所率的川军一路入川。袁世凯去世后，北洋政府段祺瑞任命蔡锷任四川督军兼省长，蔡锷遂任命戴堪为川东巡阅使驻重庆，但很快北洋政府就撤销了川东巡阅使署，另任命戴堪为会办四川军务，职权比过去更大。蔡锷辞职东渡后，原滇军护国军左翼总司令罗佩金任四川督军，戴堪为省长。正当戴堪准备西进成都就任时，传来蔡锷病逝的消息。戴堪恐罗佩金失去节制后独揽四川大权，便主动联络驻成都的川军第二师师长刘存厚交好，随后才在黔军旅长熊其勋的护卫下到成都赴任。川、滇的刘罗第一次成都巷战后，戴堪趁机独掌了全川军政大权。川军拼死命赶走了滇军，却不料前门驱虎后门进狼，刘存厚与戴堪的矛盾便日益加深。恰巧在此时，张勋在北京复辟，任命刘存厚为四川巡抚。刘存厚本与张勋毫无瓜葛，张勋这一纸任命，让戴堪部的熊其勋找到了借口，声称要讨逆。终于在1917年7月15日爆发了川黔军第二次成都巷战。这次军阀内战之惨烈，死伤的多是无辜的平民，我小时候常听老辈的成都人讲打戴堪时，某某被打断了双腿，谁谁被打烂了头，又有张三或李四被打瞎了眼、打出了肠子等等。巷战时，曾在某女校任教的余承基先生后来留下了一篇《刘戴成都巷战目击记》，记述了成都西门、北门、南门以及皇城周边战况的惨烈程度："川军纵黔军焚毁民房数万家，兵民死伤者一万有奇。""死骸之中，有死者，有未死者，有未死而血涌流者，有已死而无首者，有弹贯其胸而血泄者，有流弹穿腹而过者，有无手者，有无足者，有脑髓外泄而不辨人形者，种种惨状，难形楮墨。"

军阀第二次成都巷战历时半个月，结果是黔军逐渐军力不支，遂由著名的"五老七贤"出面调停，川军准许黔军撤出成都。但川军在黔军撤退的沙河一线至东大路上节节阻击。沙河见证了戴堪黔军的狼狈溃逃。

戴堪撤出成都后，有资料说他在中和场自杀，也有说他在秦皇寺（华阳与籍田铺之间的一个小乡场）自杀，总之，戴堪"成仁"了。曾经为反袁护国积累起来的荣誉全在这场内战中抵消殆尽了。这实在是一个历史的悲剧！

马识途引军入城

转眼间到了 20 世纪中叶，沙河驷马桥再次迎来了北方的军队，但这次城北没有激战，与三国和前后蜀时期一样，军队在这里进行了一次极有秩序的和平入城。

1949 年 12 月 30 日，新华社西南前线发出了一则题为《胡宗南匪部全部就歼四川省会成都解放》的专电，其导语是这样写的："人民解放军已经胜利结束了成都地区的大围歼战，国民党反动派残留在大陆的最后一支主力胡宗南匪部已于 27 日被我全部解决，四川省会成都亦于同日宣告解放。"[①]

就在这条消息发出的当日，一支从北方开来的满身征尘的大军已经集结在城北驷马桥附近的川陕公路上，正在等待进城的命令。从他们的装备和官兵的精神状态就能看出，这是一支久经战阵的队伍。

他们是中国人民解放军第十八兵团参加成都入城仪式的英雄部队，即六十军一七八师的官兵们。

中共川西临时工委负责人、后来成为著名作家的马识途正是这支部队的前导。四十年后的 1989 年，马识途写了《成都解放断忆》一文，回顾了当年带领大军进城的盛况。

在入城的前一天，即 12 月 29 日，十八兵团参谋长张经武就命令马识途带路先进城检查，以便次日入城仪式的顺利进行。马识途坐在第一辆吉普车上，从设在新都县城的十八兵团指挥部出发，一路疾驰，过了天回镇、驷马桥，沿途看见解放军队伍正源源不断地从北开来，让曾经工作在地下的马

---

① 原文载 1949 年 12 月 31 日《人民日报》。

识途内心一阵阵激动。吉普车一进北门，张经武就命令部队接管了北门一带的防务。

马识途带领张经武等军人径直来到省主席办公室，在这里接受了原成都市市长的投诚，并会见了地下党代表和新闻记者。之后，张经武、马识途一行人又巡视了成都市区的主要街道，在制高点上都派遣了解放军战士把守，旨在防止残余敌特对入城式的破坏。

12月30日，对成都历史来说注定是个辞旧迎新的日子。这天清晨，平日里难得一见的太阳天刚放亮就驱散了厚厚云层，露出了鲜艳的笑脸。马识途一早就驱车出城，刚过沙河驷马桥，就望见川陕大道上烟尘滚滚，旌旗蔽日。参加入城式的部队正踏着整齐的步伐，唱着嘹亮的军歌，向城内方向开来。

九点整，入城部队首长坐车到达驷马桥，在雄壮的军乐声和锣鼓声中，贺龙司令员和十八兵团首长周士第、王维舟、王新亭、胡耀邦等走到桥头，与在此迎接部队入城的中共川西区临工委负责人、起义将领以及各界人士代表一一握手问候。此刻，欢迎大军入城的欢呼声顿时响起了，沙河泛起的波浪上一遍遍滚动出激动和喜悦，与红日洒下的光芒交织成一派通红的世界。

沙河，这条见过太多血腥厮杀的河流，此刻看到的是一片和平的进军；驷马桥，这座经历过无数战争与和平的"历史老人"，终于要开启新的历史了。

十点整，入城仪式从驷马桥正式开始。马识途依然坐在第一辆吉普车为前导，紧随其后的是两百多辆装甲车、炮车以及威武雄壮的骑兵和步兵队伍。队伍进入北门，速度立即缓慢了下来，最先迎接大军的是四川大学、蜀华中学等学校的师生，他们载歌载舞，阻断了行进的道路。学生们的歌声、欢呼声停歇下来，部队文工团员的歌声又响起。欢乐的声浪就这样此起彼伏，回荡在古老锦城的上空。

　　大军走过的地方都挤满了各界人士，街道旁，房顶上，甚至树杈上都有挥舞着红旗的青年人；歌声、欢呼声、锣鼓声交织在一起，响彻云霄。整个城区人山人海，一片沸腾。入城大军在成都人民的热情包围之中缓缓而行，从上午一直延时到下午三四点钟才全部通过了市区的主要街道。

　　当大军齐刷刷的步伐走在川陕路，当隆隆的战车滚过驷马桥，古老的成都苏醒了，几千年的沙河也将翻开新的篇章。

流淌的故事

在沙河八景中，人们在多宝寺专门设置了一道占地面积达8.4公顷的"沙河客家"。景区内建有客家样式的小青瓦房屋，还有客家碉楼以及客家人的生活工具、用具、衣物和雕塑、绘画等艺术作品，并特意建了文化艺术墙浮雕，讲述客家人五次迁徙的历史故事，也讲述了"湖广填四川"的移民史。走进园区，处处都能感受到客家人的民风民俗。

客家文化是沙河历史中重要的一章。

沙河的湖广人与客家人

　　编写本书大纲时，这一节最初就设定为"沙河的土著与客家"，经过采访和查阅资料后，突然发现这是个伪命题。在我采访过的十多位沙河老居民中，无论客家人还是湖广人，都说是清代移民的后裔，根本称不上土著。何为土著？当然是指世世代代居住在此的原住民。事实上，在整个成都都难找到真正的土著居民。清代诗人杨燮有一首《竹枝词》已经写得很明白："大姨嫁陕二姨苏，大嫂江西二嫂湖；戚友相逢问原籍，现无十世老成都。"

　　经过明末清初数十年的战乱，尤其是经历"张献忠剿四川"和清初"三藩之乱"后，成都已经城垣倾颓，炊烟断绝。据康熙《成都府志》所载，康熙三年（1664），整个成都只有"残民数百家"，学者估计也不过四五千人。到了康熙九年（1670），王沄跟随四川总督蔡毓荣入蜀时，成都已经是"人烟断绝，田野失耕"了。沙河地处郊区农村，城市中尚已无人口，何况郊野乡村乎？可见沙河真正的原住民在明末清初已经消失了，今日的所谓土著，不过是清代移民后裔。

　　最早到达沙河的移民是这样分布的：立有军功的清军绿营兵被安置在洞子口至驷马桥一带的坝区，这里土地肥沃，灌溉便利；从驷马桥至今新鸿路一线，多为康熙初年"奉旨入川"的各类工匠，他们承担着重建成都城的繁重任务，朝廷自然要给予他们土地的优惠；康乾时期一些游学、经商或为官宦的人家则多选择沙河下游一带置地定居。此几类人虽是清代最早到达沙河的拓荒者，但他们人数毕竟有限，在随后持续了近百年的移民潮中，大量的湖广移民不断地充实进沙河两岸，使沙河这方土地重新焕发出了青春。

　　从文化形态上看，沙河流域的移民分为两类，一类是"湖广填四川"来的湖广移民，另一类是跟随移民潮陆续迁来的客家移民。这些移民和他们的后裔，在沙河之滨耕耘生活了数百年，直到沙河从早先的农业之河变为工业之河，再转变为今天的城市生态之河，他们才彻底被"稀释"进了当今庞大的城市人群中。沙河的老移民虽然散了，但是他们为沙河留下了一段珍贵的记忆，也留下了一页丰富的文化积淀，尤其是沙河客家文化，成为地域文化中重要的一章。

所谓客家人，其实本身是中原地区的汉人。历史上，他们历经数次迁徙，成为广东、福建、江西等地一个重要的移民群系。明末清初，满族人入主中原后，南方的客家人再次"移湖广，填四川"，从广东、福建一带西迁。成都东山的客家人就是在这个时候先后到来的。

沙河的老移民，顾名思义，是指以沙河两岸肥沃土地为本，靠耕读传家的农民。他们居住的范围长度即是沙河的长度，宽度则大抵包括府河右岸与沙河左岸的东山脚下。这一片区域正是沙河流域以黑油沙土为主的农耕区。在 20 世纪 50 年代工业文明之光照耀这片土地之前，这里是成都土质最优最肥的农耕区，因此这里的居民世代以种植为业。2017 年至 2018 年，我多次沿沙河从上游到下游，企图寻访一些老居民。结果是大失所望。近些年，大量的新楼盘兴起，沙河的耕地已经成为城市的一部分，曾经的农民全都"农转非"进了城。当今居住在沙河边的多是 21 世纪的新移民，老居民只有很少一部分还分散居住在新的社区里。经过多次努力，总算先后找到了十多位曾经生活在驷马桥、青龙场、圣灯寺、多宝寺、牛市口等地沙河边的老居民，其中有几位就是"土广东"①。这些老人多数都远离了沙河，只有两位还住在当年农转非分配的小区房子里。

---

① 成都人称的土广东，即是指来自广东、福建、江西一带的客家人，他们的语言初
  听像是广东话，但广东人并听不懂，所以成都人将客家话称土广东话，将说客家
  方言的人叫土广东。

▲ 沙河客家碉楼　成都市成华区地方志办公室供图

　　寻访对象文化都不高，收获并不大。但我还是有了某些"发现"，在这些老移民中，湖广人居住在沙河两岸，但以右岸居多；而客家人则多居住在左岸，并主要靠近丘陵坡地，而且客家人集中的地方在沙河中游，即驷马桥至多宝寺一带，上游极少有客家人，下游则几乎没有。为什么会出现这种格局呢？其一，沙河流域的平坝地区与东山相比毕竟狭窄，先期到达的湖广人早已将肥沃的土地"插占"①完，而沙河的客家多数是在清中后期陆续迁来的，后来者只能退而求其次。其二，沙河左岸连接东山，而东山是成都客家人的主要聚居地，沙河两岸的客家人许多是由东山客家"蔓延"而来的。我采访到一位李姓老人就坦陈他的祖上原居住在龙泉山，因为生活苦寒，家里就让老幺"倒插门"到沙河谢家，儿孙都改姓谢，到了第四代以后才认祖归宗恢复了李姓。其三，也有极个别客家人采用非法手段强行进入沙河占地的，于是就会出现土客械斗的事件。不过，这种情况一般不会发生。用郑光福先生的话说，"东山的客家人不敢在沙河乱来，怕挨打"。

　　除了联姻方式之外，客家人进入沙河的另一途径就是升官或经商发迹后，在沙河边购买肥沃土地，从而落脚在沙河，同时租种地主的土地的一些客家佃户也相继进入沙河坝区。客家学者廖明光 2002 年在《东郊沙河与客家》一文中就指出："这片沃土，七十年前除少数是自耕农外，绝大部分业主是家住省城的富商和军政要员。"

　　就在我为采访"发现"沙河的分布状况沾沾自喜时，阅读著名客家文化学者谢桃坊先生的《成都东山客家研究——成都沙河客家的变迁》才知道，谢先生早就得出了结论："沙河地域的客家人主要集中在双水碾至五桂桥一带，属于成都市成华区的青龙乡、圣灯乡和保和乡。"而成华区文广局《成都近郊五十年前后简况》中 1998 年底的统计数据则认为，当时全区农业人

---

① 插占，是指最初移民在荒地上用树枝做标记的圈地行动。著名作家艾芜在《我的幼年时代》中回顾汤氏先祖入川创业时，就谈到了这种圈地办法。

口 106400 人，基本上为客家人。这一结论，我以为是很武断的。沙河的客家人固然不少，但是湖广人似乎更多，受采访的好些老人都说他们祖上是"湖广填四川"时，从湖北孝感迁来的。事实上，沙河右岸的诸如张、陈、谢、刘、罗、叶、林、杨、周、李等等姓氏都是湖广移民后裔，他们中有的自称是客家人，其实是假客家。譬如，一些资料说建设路的郑家大院的郑姓是客家人，但郑光福先生就认为他们不是客家人。八九十年代我在东郊某学校教书，每年都有周边的学生进校，其中一些学生就曾声称他们是客家人，到前不久我再问他们时，又说他们祖先是湖广填四川的。

其实沙河的客家人和湖广人，由于紧邻城市，又长期融合交流，在生活习性、文化传承上已经没有多少区别了。客家人最明显的特征——客家话，七〇后的一代人就几乎听不到了。不过，客家人作为沙河老移民中的一部分，他们以自己独特的文化为沙河的历史书写了光辉的一章，这是流淌的沙河水永远无法带走的。

沙河沿岸的场镇

　　沙河由于环绕在城市东部城郊接合地带，因此自古以来沿岸的城乡贸易就很活跃，于是就形成了大大小小的集市。这些集市最初因产品交换而形成，后来则因人们的定居而成为了固定的乡场。何谓乡场？就是乡村的贸易市场。据《周礼》和《管子》等文献所定义，凡郭外集市都谓之郊或乡，小者为村为墟，大者为场为镇。

　　沙河从上游至下游，曾经有不少的乡场集市，它们是人们进行商品交换的固定场所，都有定期的逢场天。洞子口、驷马桥、青龙场、圣灯寺、万年场、牛市口、保和场、琉璃场等都在沿河两岸。这些场镇多数都形成了长期的交易气候，只有少数集市因为种种原因自动"散场"了。如驷马桥，在清代曾一度是热闹的乡场。据同治《成都县志·卷二》载："驷马桥距城五里，（农历）二、五、八场期。"但是到民国后，驷马桥就没有赶场的记载了。圣灯寺也曾一度有过赶场期，后来也自动取消了。驷马桥集市的消失是由于它在川陕要道上，有碍交通；而圣灯寺集市的消失则又是它太不当道，难以长期聚集人气。万年场尽管名称中有场，并且扼守在牛龙公路咽喉上，抗战时也热闹过几年，但随着20世纪50年代东郊军工的兴起，乡场也迅速退出了历史舞台。

　　沙河上的乡场，无论是著名的还是一般的，也无论是悠久的还是短暂的，如今都不存在了，有的乡场还留下一截或半截街道隐蔽在高楼大厦背后，"场"的作用却早消失了。然而，作为沙河的一项重要记忆，某些场镇是不该被忘记的。

洞子口

地处沙河源，堪称沙河第一场。

有关洞子口的来历，史载与民间说法各有不一。当地老人都说，清乾隆三十一年（1766）有人引杨泗堰水灌溉高田，使河水越过沙河桥，在桥中筑渡槽，每日流水不断，似乎从洞中流出，于是人们就称此地为洞子口。而古人则有另外的解释。宋代李石《续博物志》载："高骈帅蜀时，取罪人以绳伴其腰，令人探穴深浅，绳两日方绝，出青城山洞天观门矣。"明人曹学佺《蜀中名胜记》记载更神奇："后汉永寿年间（155—158），李老君与张道陵至此，有四脚王座自地而出，老君升座，为张道陵论南北斗经。既去，座隐地中，因成地穴。"照此说法，洞子口自东汉以来就存在了。不过古书的记载只是神话而已，是洞子口延伸的一种文化现象。真实的洞子口与民间的传说无异，即：在洞子口场文光路口的南棚处，曾有一座平桥，名叫洞梁子。因桥身埋在地下，沙河水由桥下两个桥洞喷涌而出，若遇到洪水季节，洞中涌出的水可高达数十厘米，因此形成了一道奇特的景观。这就是洞子口的来历。

洞子口在清代并不叫这个名，而是称太平场。同治版《成都县志》有记载："太平场，距城十里，一、四、七日场期。"民国时期，太平场升格为成都县太平乡，成为成都北郊一个很热闹的场镇，20世纪五六十年代，城里人还时时去洞子口赶场。"文化大革命"中洞子口逢场被迫中断，到改革开放后又恢复了赶场期，一直到21世纪初因城市化进程和沙河治理，洞子口的场期才彻底终结。

如今的洞子口，中环路从旁而过，四周高楼林立，已经丝毫看不出老乡场的痕迹。老洞子口乡场只有泰山路、文光路、福德路几条小街，路旁的房屋多为破旧的小青瓦铺板房或是茅草房。虽然乡场简陋，但洞子口的知名度却大得很，一是因为它地处沙河源头，是成都主要的木材场，岷江上游大量的漂木都在这里上岸被加工成可用的木材；另外就是洞子口出了一道著名的美食凉粉。

洞子口凉粉在成都是家喻户晓，也是誉满省内外的名小吃。市区至今各处都有打洞子口凉粉招牌的小食店，最有名的当数文殊院旁的张凉粉，每日客流不断。其实无论张凉粉还是陈凉粉，其源头都要追溯到洞子口民国早年的赵凉粉。

赵凉粉的创始人是当地农民赵金山。据《金牛区志》载：赵金山卖凉粉从未开店，一直是挑担走街串巷。每天从家中出门后，先在横街子停留一阵，然后往茶店子转一圈返回起点，线路每天不变。喜欢吃他凉粉的人都知道他的行动路线。

据说赵金山本人和他的凉粉一样，也是洞子口的一道风景。他常年都穿大襟家居布蓝衫，夏天脚穿草鞋，冬日穿圆口布鞋，头上则始终留着清代的发辫，完全是一副遗老派头。

赵凉粉之所以深受人们青睐，首先是价格公道，分量足，童叟无欺；其次是味道特别。赵凉粉有黄、白、荞三种。黄、白凉粉都选用上好的豌豆用小磨推粉磨细，荞麦粉依然如故。更关键的是佐料，仅油料就有三种：熟油辣子用东山龙潭寺出产的二荆条自晒自春，以菜籽油煎熟加以浸泡；二是花椒油，要用正宗的汉源清溪贡椒打细成粉末浸入热菜油；三是核桃油，用饱满的核桃加热菜油浸泡一段时间才能用。其他佐料也不含糊，芝麻要用黑白两种春成细末，酱油一定是郫县犀浦缸晒的窝油，最绝的是卤酱，这是赵金山的独创，选用太和豆豉熬制而成。所有佐料都是当天用完，次日又重新制作，始终保持鲜香麻辣的口味。

洞子口凉粉始创于赵金山，扬名却在民国时期一年一度的花会。赵金山本人并未去花会摆摊，但他的凉粉手艺却传播开了去，花会上出现了陈凉粉、张凉粉，都号称是洞子口凉粉。其中陈凉粉的老板叫陈清云，也的确在洞子口街上开店；张凉粉的店铺却在城里，张凉粉曾经高薪诚邀赵金山到店中坐堂，并不做具体事情，但赵金山拒绝了。50 年代赵金山去世后，赵凉粉也就成了历史。陈凉粉虽在场上继续经营，但已经不以凉粉为主，只有张凉粉"修炼"成了成都著名小吃。在写这段文字时，我特意到文殊院张凉粉店品尝了几种凉粉，感觉味道终究不如从前，反倒是红油素面勾起了昔日的记忆。

青龙场

从刃具立交往北，过铁路跨线桥，右侧便是青龙场。如果说洞子口是沙河第一场，那么青龙场则是沙河上历史最悠久的乡场，也是城北扼守川陕大道的重要场镇。

今天的青龙场已经无"场"可言，住宅小区、高架桥、汽车站以及寺院、动物园连成一片，俨然是城市东北部一处繁华的区域。然而，若时光倒退几十年，青龙场还是一个典型的四川乡场模样。青龙名称，出自于昭觉寺南门外的一个土包，在这个土包西南面有羊子山，如果从昭觉寺大门望过去，土包在左侧，羊子山在右侧，根据风水学说，恰好是"左青龙，右白虎"。于是昭觉寺南门外的土包被称为青龙包或青龙岗，以后在青龙包附近形成的乡场就自然叫青龙场了。青龙是传统文化中的四象之一，古代风水学称其为东方灵兽，可见从符号意义上看，青龙场也是具有文化含义的。

事实上，青龙场的确有深厚的历史底蕴。从 20 世纪 50 年代到 80 年代，人们在青龙包先后发现了各个朝代的墓葬，出土过战国铜剑、陶俑、汉砖、唐宋三彩陶等一批不同时代风格的文物；最令人惊讶的是，在这些墓葬下还发现了上百万块土砖砌成的土台，有人估计是古蜀人祭祀天地的祭台[①]。联

---

① 成华区地方志办公室编：《方志成华》，新华出版社，2017 年 12 月版，第 156 页。

想到不远处的羊子山祭台，如果青龙包也是一处祭台的话，那两个祭台是什么关系，会不会一个用于祭天，一个用于祭地？就像北京有天坛和地坛之分一样。不管怎样，可以说，城东北一带可谓是古蜀人的文化中心。

青龙场的人气从唐代就开始聚集，这当然要归功于昭觉寺。自唐太宗李世民将"法王寺"赐名为昭觉寺后，随着寺院香火的不断旺盛，从驷马桥到昭觉寺就形成了一条人来人往的大路，谓之和尚路。以后在道路两旁逐渐有人建房开店，形成了乡场规模。不过，青龙场正式开场则是几百年以后的事。据《成都县志》载："清同治十二年（1873），成都具有驷马桥、天回镇、三河场、青龙场等十二集市。青龙场，昭觉寺南面一里处，因镇边之青龙包而得名，三、六、九日场期。"

青龙场因为得了"青龙"之名，所以乡场上的河沟叫青龙沟，沟上的石桥也名青龙桥，直到今天，街上的店家、商铺也多以青龙冠名，既显出了地方特色，也很有吉祥意义。

老青龙场的建筑与四川一般乡镇无二，纵横的两条主街上都是小青瓦铺板房，个别地方有木结构的二层楼房，还有客家风格的碉楼。最宏大的当数寺庙，昭觉寺自不待说，场上还有一座东岳庙，一百年前曾引起西方人的好奇。美国人那爱德就为我们留下了那张东岳庙前农贸集市的珍贵照片。关于这座东岳庙，有的专家说是川主庙，如谢桃坊先生在《成都东山客家研究》中就持此观点，估计资料来自于同治版《成都县志》，书中"川主庙"词条中说："在县北六甲十里青龙场，创建年月无考。国朝乾隆五十五年（1790）重修。"但我采访过多位老青龙场居民，包括在青龙场正街长大、现已九十四岁的李子清老人，都一致说那是东岳庙；同时我又去图书馆查阅了民国版《成都县志》，书中记载了六个川主庙，均与青龙场无关。那么，会不会以前是川主庙，后来改成了东岳庙呢？川主庙祭祀的是治水的李冰，四川各地的川主庙都在靠近江河的地方；而东岳庙祭祀的是东岳大帝，即泰山神。他是道教中的一尊神，主管世间万物的生与死。泰山乃五岳之首，又位居东方，所以称东岳庙。青龙在五行中也位居东方，因此青龙场上的川主庙改建成东岳庙也似乎是在情理之中的。

　　青龙场一些特产也是老成都人难忘的。青龙场生产的麻饼在民国时就很有名，20世纪60年代初还能见到。这是一种中秋糕点，只有节前数日在青龙场当街设摊制作，边烤边卖，我小时候跟大人去赶场吃到过，记得是红糖馅的，皮很薄，外皮有黑白芝麻，烤得微黄，入口既酥脆又香甜。店家的包装是一张四方的白纸，纸上盖有一方模糊的红印，已记不得是图案还是文字了。许多人就用这麻饼走人户送礼，或是中秋夜敬月神。

　　如今青龙场麻饼这一特产消失了，但是温鸭子作为有百年历史的品牌老店，却至今生意火爆，不仅在青龙场有总店，而且在城内各处设有分店；另外还开设了不少外卖连锁店。温鸭子从青龙场的历史中一路走来，如今已被评定为成华区非物质文化遗产。

保和场

　　从沙河多宝寺桥往东就是东山。沿着缓坡上去有个乡场，小青瓦铺板房夹道，间或有几间草房错落其中，个别铺面已经倾斜，给人一种摇摇欲坠的感觉；每逢赶场天，狭窄的街道便人头攒动，空气中弥漫着浓浓的叶子烟味道，如果刚下过雨，场上的道路便敷满一层厚厚的黄泥，穿胶鞋的人时常被滑到，所以赶场的人多是穿着草鞋，轻一脚重一脚踩在黏黏的街道上。

　　这是保和场留在我头脑中的深刻记忆。

　　今天的保和早已去掉了"场"字。前不久，去保和辖区参加老冯《保和场》书稿的座谈会，已经找不到我记忆中的保和场了，这里住宅小区鳞次栉比，新开辟的街道纵横交错。东山的这片土地已经成为古老成都新兴的市区，

▲ 20世纪80年代的保和场　保和场街道办提供

繁华与喧嚣取代了昔日农村的静穆。

　　然而，过去的保和场却是沙河畔一个重要的场镇。说它重要，一是地理位置，它是东山与沙河坝区的过渡地带，并扼守在东大路上；二是行政因素，它在清末就已建场，民国已经是乡的建制。不过，保和场是官方的称呼，民间则一直称其为赖家店。其名称的来历与明代蜀王府有关。保和场一带在明朝时被蜀王府视为龙脉宝地，王府中死去的人大多选择埋葬在这里，大量出土的贵族墓葬已经证实了这点。传说最早定居在此的是为蜀王府守墓的赖姓人家。为了守墓需要，也为了给来往东大路的行人提供一个歇脚的地方，赖氏便在路边建起了简单的茅草房，人们称之为赖家幺店子，久而久之就简化成了赖家店。以后随着移民潮的到来，更多的人在此建房，便逐渐形成了热闹的乡场。

　　可是沙河畔的赖家店却有两处：一处在离沙河源头不远的凤凰山下，一处就是这保和场赖家店。被民间叫得最响，也很热闹的保和赖家店却无论在新旧地图上都找不到，只有保和场南边有个地名叫赖家坡；而凤凰山下的赖家店则在地图上很显著。这个地图上标明的赖家店曾经也是一个乡场，但如今只剩下两三户人家还居住在此，场上的道路已缩短变窄，静静地躺在荒芜的郊野；乡场上拆毁的房屋要么变成了废墟，要么被开垦成了菜地，出过著名诗人的廖家大院旧址上大豆长得很苗壮；高架公路正从昔日的乡场上跨过，来往汽车的轰鸣声代替了曾经从场上土路上碾过的吱吱呀呀的鸡公车声。

凤凰山下的赖家店还在地图上，但土地上已经没有了赖家店；而地图上无名的赖家店反倒是比早先的乡场更热闹了。因为它已经完全融进了都市的繁华中。

保和这个赖家店正式建场是在清光绪三十四年（1908）九月，以每旬三、六、九为场期。从建场到 2008 年成华区对这里进行"城中村"改造为止，赖家店刚好历经了一个世纪。

如今百年赖家店只能在历史中去寻觅了。

琉璃场

沙河与府河汇合处还有一个乡场，叫琉璃场。这是沙河最后一个乡场。小沙河从场口外流过，成昆铁路横贯其境。因老成仁公路从场上穿过，所以每逢赶场天，来往的车辆便如老牛破车，步履艰难。我记忆中琉璃场一点儿也不长，道路两旁的房屋茅草屋占一半，且多数门面歪歪斜斜，显然是历经了岁月的长时间冲洗。

不过，这是以前的琉璃场。今天的琉璃早已是城市的一角了。

别看当年琉璃场不大也不长，它的历史却不短。早在东汉时期，人们就在此取土烧砖瓦，一直到明代都有官办的陶瓷制品作坊。尤其在唐宋时期，琉璃场烧制的琉璃陶器闻名于世。到明代末年，成都遭遇了长达三十余年的战乱，琉璃场燃烧了八百余年的炉火才终于被扑灭，只剩下了一个叫琉璃场的地方符号。

　　但是琉璃场的故事并没有完结。20世纪30年代，因为修公路，人们在琉璃场挖出了已经废除了数百年的琉璃窑，出土了大量的琉璃制品。此事惊动了时任华西大学古物博物馆馆长的美国学者葛维汉。葛维汉先生考察了琉璃窑遗址后，专门写了一份琉璃厂窑的考古报告，发表在华西边疆研究学会1939年英文版的《华西边疆研究学会杂志》上，琉璃厂从此被外界认识。抗战爆发后，华阳县政府疏散到琉璃场，民国三十三年（1944）正式批准建场。抗战胜利后，改建为胜利乡，以纪念抗日战争的伟大胜利。

　　琉璃场也与保和场一样是明蜀王府人的墓地，不过保和场是王公贵胄阴宅，琉璃场一带是宦官的安息处。2014年，因修建地铁的缘故，建设者们在这里挖出了43座明代墓，埋葬的全是蜀王府的太监。其实在这里发现太监墓并不是首次，只是此次发现这么大规模的墓葬群，实属罕见。墓葬群面积达2300平方米，分为ABC三个区域。B区的12号和13号墓竟然是一个双室合葬墓，从中出土的陶俑，人物造型、服饰以及面部表情几乎一模一样。两个宦官为何要合葬在一起呢？专家从墓志铭中找到了答案：原来这是叫魏玉和阮英的两个太监。他们于明宪宗成化十四年（1478）同时进入蜀王府。当时魏玉八岁，阮英六岁。魏玉因为聪明伶俐，做了蜀王贴身太监，被赐姓为"双"。魏玉受到蜀王宠信，遂将阮英也推荐给蜀王，以后哥俩都受到了重用。明武宗正德十年（1515），已经年过五旬的老哥俩相约"同堂共穴，兄弟永远"，并一同到成都东门外的金象寺选墓地。不幸的是，就在选好墓地一年之后，阮英就过世了。魏玉埋葬了兄弟，又过了十年，也追随兄弟而去。手下人根据魏玉生前嘱托，将他和阮英合葬在了一块。

　　五百年前发生在成都的这段"哥俩好"的故事，为消失的琉璃场留下了一段动人的感情记忆。

沙河民俗一瞥

　　沙河两岸的居民都是外迁来的移民，其民俗风情与其他四川移民并无多大差别。但是因沙河移民居住在城郊坝区，又系湖广人与客家人杂居地，因此在民俗风情上呈现出了某种多元性。这些民风民俗既与四川的传统民俗文化相通，又表现出鲜明的沙河地域色彩，以下仅从沙河居民的某些节庆，即可见一斑。

▲ 20 世纪 80 年代老沙河畔的"理发长廊"　　成都市成华区地方志办公室提供

腊八

腊月初八是释迦牟尼成道日。沙河畔的观音寺、圣灯寺、多宝寺、净居寺等寺庙这天要举行法会，斋戒浴佛，吃斋饭和河水豆花。沙河农户要做腊八饭，并在幺店子、碾房一带施舍过路乞丐。一些祠堂用公仓或义田的收入，熬腊八粥免费供应村民。

守岁

腊月三十除夕，又叫"岁除"、"大年夜"。出外的人，必须赶回家吃年饭。团年饭菜肴都取吉祥名称，韭菜寓意为"久"，粉条为"条"，鱼为"年年有余"，土豆炖萝卜肉叫"黄（土豆色寓黄金）白（萝卜色如银）满堂"，蒸肉叫"增福增寿"，炖肉叫"四喜临门"（肉下有四枚鸡蛋），酒叫"玉液琼浆"，米饭叫"丰谷满仓"，腊肉香肠叫"香火旺盛"。饭后，主妇到厨房向天祭刀神关公，用清水洗刀擦净贴上红纸条，名叫"封刀"；家长祭财神赵公明，烧银箔元宝，请财神发善心，名叫"进贡"；妇女祭织女，请品香茶糖果，祈保来年织锦价高多卖些钱；还要祭针神，祈保明年裁剪缝纫手艺精进。主妇祭拜时，女儿媳妇同拜同祷，轻声哼吟祈祷山歌。除夕夜的沙河农家，都能听到"年关封刀，霉运全消。明年财旺，送上绿袍"和"织女娘娘听分明，梭穿经纬任驰骋。天孙垂怜寒门女，织出蜀宫千样锦"等的歌声。

团年饭后，全家在堂屋守岁，神龛上点起大蜡，每间屋都点起明灯，名为"满堂红"。主妇或女儿半夜到沙河挑一担水，叫天河水，意为干净过一年。守岁到半夜，全家祭祖，男先女后，敬拜祖宗，击磬焚香。

拜神

人们出天方回家后，提篮装香烛、供品，带上子女，到最近的沙河边，设祭拜水神（杉板桥原有祀天地水的三官祠），以求水旱从人。妇女则在河边桑树下祭拜马头娘蚕神和织女神，祈求蚕茧丰收、织机兴旺（因农户家家有织机织锦织布）。在桃树下拜百花仙子，祈求风调雨顺。人们还到沙河渡口、桥头的土地庙设祭，祈求五谷丰登。老人们多就近到寺庙上香，祈祷农事稼穑丰收、家人无灾无病、国泰民安。当天可算逢庙皆香，释道巫的寺观祠，都香火旺盛。不过，农户讲究实际，香可上，头可叩，供品却装篮带回，并不留给和尚道士端公享用。

走四方

走四方又名"拜码头"。沙河沿岸有村、乡建制，各村或乡由村、族（祠堂）出资，统一购置锣鼓家什，衣帽鞋袜，训练男女青年，组成龙灯队、舞狮队、歌舞队，按不同季节以水龙队、火龙队、龙舟队面貌出现。春节前就投入排练，初一起开始组队，到城内及附近各村巡游表演。其中狮舞有高台狮、地堂狮、西游记狮驼国遇险等。每到一个社团行会码头或堂口，投帖拉场，敲击锣鼓，吸引观众，受到当地接待即开始表演。爬竿取彩、龙灯三点头、连箫、伞扇、手帕歌舞，向码头或堂口贺彩。表演结束后，码头或堂口要赠送红包或请吃便餐，然后转向下一站。清代驷马桥、杉板桥、踏水桥、多宝寺的彩棚队，因人靓歌舞美，锣鼓曲牌多，队伍变化妙而享誉四方，常受成都、华阳两县嘉奖。彩棚队从初一要表演到十五，直到拜四方烧龙灯后才解散。

赛会

过年期间，沙河各村、族、乡要组织实用的劳动技能竞赛，如比谁喂的猪牛羊壮重，谁制作的木桶最快最好，谁打的铁锄最利最精，谁举石担次数最多，谁用同样的料编的筐篓最漂亮，谁按图绣的手绢配色和针脚最新最美，谁写的小楷最规范等等。这些技能，都是统一发给材料，限时由一人或二人当场完成，由行家评定，胜者披红挂花，负者心悦诚服。这类活动，几乎两天一次，促使年轻人掌握生产、生活技能，提高才艺。

雨水节

是客家传统的母亲节，这是立春后的节气，指春机勃发，万物得雨露复苏。凡在年前结婚的新娘，必偕丈夫提一罐炖肉回娘家。罐内多用坐墩肉一方炖制，有时用童子鸡炖红枣、桂圆、砂仁、百合、莲子、花生，以感谢父母养育之恩。在雨水节举行这一活动，有其寓意，女儿得父母雨露滋润，长大成婚，故用滋补汤来回报。砂罐上还要贴红纸剪的喜字，手执红梅一束，寓意"红运到家"。父母接见女儿女婿，丈母娘要亲手做两碗醪糟蛋，女儿女婿必须吃完，以象征夫妇甜甜蜜蜜。

龙抬头

农历二月初二，俗称"龙抬头"。过去认为水由龙王经管，入冬龙要休眠，所以没发洪水，二月二以后龙会醒来，抬头打呵欠，需及时与龙沟通，免它发脾气闹洪灾。沟通的方法，是由沙河各村协商，派出代表在二月初一动身，到洞子口沙河源头设祭拜龙王，投放面团、糕饼入水犒劳龙王，祈求它别发大水冲庄稼人畜。各村也在当天组织村民，到沙河边拜沙河龙王，祭祀川主（夏禹、李冰），投面食蒸馍八个入河，给龙王当点心，念诵由塾师写的祭文，沿河敲锣打鼓游行，让龙王记住这条河岸的位置，别发大水冲掉河堤。

女儿节

农历三月初三，又叫山歌节、定情节。沙河移民中有苗族、瑶族后裔。姑娘们在这一天穿上刺绣服装，佩戴首饰，系绣花浅色围腰，揣好刺绣荷包，结伴在沙河岸边桑树、桃树下唱有关农事季节的歌谣；小伙子们也打扮一新，隔河隔桥对唱，唱的多半是有关鸟雀蜂蝶之类的山歌。如有意中人，不论认识与否，可以按对方歌谣的内容、旋律接唱，同伴知其心意，逐渐离开，让男方过桥或划渔舟过河单独聚会。若双方情投意合、家境匹配，姑娘会送荷包给男方，男孩则送银手镯给女方。如果话不投机，互相便友好地分手，各自另找伙伴。此俗20世纪30年代在踏水桥、多宝寺等地仍然流行。

花朝节

农历三月初三，是沙河花农的节日。传说这天是百花仙子生辰和遍撒花种日。花农中午在花圃以自酿果酒、芝麻糖、花生糖、桂花糕、蜂蜜茶，拜祭百花仙子，向年幼子女讲护花经，栽插技术，以及除虫施肥浇水施灰时机，同时分配地块，让他们播种易于成活的花种。下午，还要让小孩拿纱网去莲花白苤蓝菜地，捕粉蝶除虫，或带花进城去卖，回来买糕饼吃。有的还到坡地祭风神，祝愿挂果时勿吹大风。

姊妹节

农历三月十四至十六日，苗族青年男女在坡岗地举行转山会歌咏活动，提供认识恋爱机会。男青年显示射弩、打弹技艺；女青年观摩绣品，晚跳篝火。这一习俗，20世纪40年代踏水桥棺材堰高岗还举行过，汉族人也参加。

浴佛节

农历四月初八传为释迦牟尼生日，沙河沿线各寺庙作"龙华会"，僧人用鲜花五香水浴洗铜佛，给朝拜的信众开流水席斋饭，圣灯寺当天极为热闹。

放生节

农历四月初八又是传统放生节。沙河居民当天不杀生，已捕待餐的鱼龟鳝鸟，均拿到河中放生，或将鱼放入冬水田、水稻田喂养。踏水桥附近还专门建有刘门放生池。

立夏节

农历四月间（公历5月6日前后），当天农户有吃新（果蔬薯类）之俗。在沙河桥头祭风雨雷电神，祈求风调雨顺。村上晒坝边的大树上，挂上大秤，让人称量体重，对照以往看自己是否健康。

乞巧节

农历七月初七又称"七夕"，是中国传统的情人节。由牛郎织女故事演变而来，俗称鹊桥相会之日。当晚，农家天井或院落摆桌设祭，给牛吃炒黄豆犒劳，去替牛郎挡灾；又到沙河边点灯，为天上鹊桥照明。沙河沿岸，防风灯笼成排成串，星星点点，很是壮观。姑娘们还将写有心愿的河灯投放进沙河去，为织女照亮银河路。半夜归家后，未婚少女将抽去芯的豆芽截一段放进铜盆水面上，看指向何方，预示红鸾喜星的婚姻方向。用筷子吊线拴绣花针轻放水面，力争插入豆芽钓起，谓之乞巧。有人还到院后竹林里，听"牛郎织女"说私房话，第二天会绘声绘色将偷听内容（实际是风吹竹叶、虫鸣声）转述给小姐妹听。

中元节

农历七月十五，又叫盂兰盆节。人们在沙河放河灯（木板上放油灯及食物）祭龙王，保佑丰收。道教兴起后，中元节被称为鬼节，道观要设坛打醮。佛教则有目连传说，设百味果宴招待十方僧众，解脱地狱倒悬，故佛寺届时举行法会，也放河灯祈福。沙河农户当天多到各寺庙上香，吃盂兰盆果蔬斋饭。

立秋节

常在农历七月间（公历 8 月 8 日前后），沙河农户要到梁家巷外山川设坛祭拜，祈求粮食丰收。煮赤豆饭喂牛、狗，进城卖秋瓜。村上照例办田席吃"九斗碗"，分配给缺劳户代收代种名单，确定各户交公仓大春作物斤两等。

立冬节

农历十月间（公历 11 月 7 日前后），沙河居民要举行迎神祭天仪式。在这一天，老人们带上祭品，拜土地公公、土地婆婆，给土地披红布，意味着添了冬衣。回家筹备织冬衣的布，弹棉花、絮丝棉，置办入冬草等。

饮食文化

在饮食文化上，沙河人家也有鲜明的特点。沙河河中盛产鱼虾，两岸又土地肥沃，物产丰富，这就为沙河人家提供了取之不尽的美食原材料；而沙河两岸为客家人和湖广人聚集区，他们各自的饮食习俗与美食传统都在这里得到了完美的融合，并演化成了具有沙河特色的美食文化。冯广宏先生主编《成都沙河话古今》一书，收有《快消失了的风味小吃》，仅仅沙河人家的传统小吃就介绍了六十七种之多。

沙河船宴是好些写沙河的文章津津乐道的，其实船宴并非沙河独有的风景。凡有江河的地方，几乎都有船宴，店家往往就地取材，以河鲜为其主题。成都船宴的历史很悠久，最早大概要追溯到秦汉时期，一些出土的画像砖上已经有在船上宴饮的场景。唐宋时期，成都锦江及其湖泊上的船宴很普遍，遇到逢年过节，官员还要带头游江，开船宴是必不可少的项目。陆游等许多诗人都写过船宴。近现代时，锦江上的船宴不再火红，但如端午、中秋之类的节日期间仍能看到。抗战期间，天空中不时有敌机飞临，人们便不可能在锦江上划船宴游了。反倒是沙河，偏僻而隐蔽，又风景秀丽，疏散到此的达官贵人、文人雅士常常租农家船宴饮娱乐。其实沙河船宴也是有历史的，晚清时候，就有游船从驷马桥到下游净居寺一带，游览途中自然就要开宴席。

　　早先的沙河船宴以家常川菜为主，原材料都出自沙河的河里或岸边的土里。沙河产鲤鱼、鲢鱼，前不久我在五桂桥边还看到几条一两尺长的鲢鱼在水中游荡，几十年前河中的鱼类则更多更丰富。据一位 20 世纪 40 年代领略过沙河船宴的老先生讲，他吃到过的沙河鲢鱼烧大蒜，那美味今天无论如何做不出来。

　　沙河船宴在八九十年代还有过东山再起，仅我知道的，在下游河心村曾停泊一船，上面设有餐馆。另外，当年踏水桥有个小公园叫"晚晴苑"，苑内，岸上是公园，有亭榭回廊，还有茶社；河上则泊有一艘画舫，船上即是餐厅。我去品尝过一次，是普通川菜，并没有沙河鲢鱼一类菜品，因沙河已深受污染，没有人再敢卖，也无人再敢吃沙河的鱼虾了。后来听说那画舫上有一阵改火锅店了，也不知啥时候消失的。

　　茶馆也是沙河上的一道民俗文化风景。今天沿沙河走一趟，两岸的茶馆、

▲ 沙河边的茶客　冯荣光摄

茶楼以及露天茶园不少于四五十家。据老人们说，民国时期沙河沿岸的茶铺就很多，沿河乡场哪一处没有两三个茶铺，还有各个桥头以及人口来往众多的幺店子都有大大小小的茶铺。坐茶铺是沙河人们主要的休闲方式。

李劼人在《暴风雨前》中曾说："茶铺在成都人的生活中具有三种作用，一种是各业交易的市场……一种是集会和评理的场所……另一种是普遍地作为中等以下人家的客厅或休息室。"

这里所谓各业交易，当然不仅是指商品的买卖，也包括文化上的"交易"。大量的民间艺人便依靠茶铺谋生。所以进茶铺不仅吃茶，还能欣赏评书、清音、竹琴、川剧围鼓等艺术表演。出生成长在沙河畔的现代著名诗人戈壁舟，在其自传中就曾回忆少年时代在茶铺里听评书对他的文学启蒙。集会与评理的场所，指的是"吃讲茶"。人们在生产生活中发生了矛盾，自己无法解决，遂由当地有名望的乡绅出面，召集双方到茶铺来说理，由中间人作出裁判，输理的一方付茶钱并赔礼道歉。吃讲茶"显示了人们对官方权力的不信任，而愿意把自己的命运掌握在自己人手中"[1]。

沙河地处城乡接合部，沿岸的茶铺固然没有城内的茶铺如饮涛、鹤鸣、漱泉等有名，但沙河茶铺的社会功能似乎更明显些，当然也更鱼龙混杂。茶铺不仅是袍哥组织的公口，也是袍哥大爷们横行霸道之所。就像著名作家沙汀的《在其香居茶馆中》写到的场景一样。谢桃坊先生在《成都东山客家研究》中就记述了好些袍哥舵把子的所作所为。如洞子口大成忠义总社的总舵把子曾次金，青龙场同乐社的浑水袍哥副舵把子苏兰荪，万年场码头"乐耽公"的舵把子石青云、李国安，东山总舵把子陈敬珊等等。这些人中有作恶多端的，1949年后都遭到了严厉镇压。其中苏兰荪与侄儿苏文彬就公然在茶铺里

---

① 王笛：《茶馆》，社会科学文献出版社，2010年第一版，第341页。

制造了一场血案。事件是这样：20 世纪 30 年代，位于下三洞桥的曾家茶铺店主谢洪恩，有个儿子叫谢芳，人长得帅气，又在国民党乡村稽查处任职。谢芳因做烟土生意，触犯了苏兰苏和东山浑水袍哥的利益，于是双方积下仇恨。1942 年春天的一个晚上，谢芳和父母正在茶铺吃晚饭，埋伏在屋后的杀手突然一枪从背后打来，谢芳当即毙命。次日，苏文彬竟然还正大光明去茶铺吊丧。这固然是一个黑吃黑的故事，却也说明旧时代沙河边的茶铺乃是"歪人"的天堂。

抗战中的沙河

沙河在古代是成都城市的一道天然屏障，在民国曾经是成都市民的避难所。萧赛先生说："抗日战争，日本飞机轰炸成都，老百姓躲警报，都常到沙河一带的树荫深处避难，非常安全。沙河那条路跟我们生命攸关。"

跑警报的疏散地

跑警报或躲警报，是抗战时出现的专用词汇，是特指成都城内居民为躲避日机轰炸而被迫采取的疏散行动。20世纪三四十年代的沙河离主城区虽不太远，却也有一定的距离。更重要的是沙河处于平原与丘陵坡地的交界区域，林木茂盛，沟壑纵横，很适宜于躲避敌机轰炸。于是城内居民，无论达官贵人还是普通百姓，多将沙河视为疏散的好去处。为保障疏散地的安全，1938年11月11日，四川省防空司令部发布命令，划定城区附近乡镇为避难场所，并派出两个团的兵力在所划定的区域内进行了大规模剿匪行动。沙河紧邻东山，向来是土匪猖獗的地方，通过此次清剿，沙河匪患基本被肃清，于是热情地敞开怀抱，迎来在敌寇面前坚强不屈的成都市民。

抗日战争全面爆发后，尤其是武汉沦陷之后，从1938年11月8日至1944年12月8日，在长达六年多的时间里，日寇飞机对成都实施了大小三十一次战略性狂轰滥炸，企图摧毁中国军民的抗敌意志。但是，这丝毫吓不倒坚定又达观的成都人民。成都人用"跑警报"的方式与敌机周旋，尽可能地减少人员和财产损失。为此，1938年9月，四川防空司令部发布了四种信号作为跑警报的提示。当敌机从汉口机场起飞西进时，警报大队就升起黄色旗帜发出"预行警报";若敌机飞过宜昌,便升起绿色旗帜加上鸣笛一次长音,两次短音,即发出"空袭警报";若敌机过了奉节、万县,则升起红色旗帜并鸣笛一次长音,五次短音,这就是"紧急警报"了,表明敌机即将飞临城市上空;若解除警报,就升起黑色旗帜,加上鸣笛一次,长音不断。通常情况下,城内居民听到预行警报后,就开始向城外疏散;当空袭警报响起时就要紧急疏散,而紧急警报拉响后,城内已经断绝交通,严禁路人通行了。

现代著名成都籍作家李劼人先生有一部长篇小说《天魔舞》,是足可与巴金写重庆抗战生活的《寒夜》相媲美的名著。《天魔舞》前三章就写成都市民在沙河躲警报和沙河本地居民的生活情形。尽管文中没出现沙河一词,但从作品描写的文字中和李劼人先生本身就居住在沙河畔的事实可见,他无疑是亲眼看见过市民在沙河疏散景象的。其中第一章"躲警报的一群"写道:

> 一条甚为偏僻的水沟,曲曲折折地打从一片丘陵起伏的地带穿过;沟的两边都是枝叶茂密的桤木树,树下不到两尺宽的泥沙土,再外便是水稻田了。
>
> 在十来丈外,你断猜不到平日连狗都不来的水沟边,此刻竟蹲的坐的站的躺卧在泥沙地上的公然有十多个人,而且男女老少全有,工商学绅也全备。

跑警报是很痛苦的,至今我们父辈回忆起当年的事情,还依然感受到心中的痛。然而,这痛苦把成都淬炼成了一座坚强的城市,也更增强了成都人民钢铁般不屈的秉性。

李劼人还写道:"左近的高射炮发威了,砰呀訇地咆哮着,响声确乎震耳。令人一面感到抵抗的力量不但真的在长大,而且与过去几年比起来,还真的长大得很快……"尽管成都的防空力量很薄弱，但防空司令部依然在成都四门外部署了数十门高射炮，尤其在沙河沿线部署了多处防空火力。据《成都抗战记忆》所载，在沙河上游凤凰山附近有苏制 20 毫米和 7.62 毫米高炮各四门，高射机枪十多挺；在青龙场部署了高射炮两门和小口径探照灯两具；在五桂桥附近也有高射炮两门和探照灯两具；在沙河尽头，即东门外兵工厂一带也部署了高射炮四门，高射机枪数挺。这些防空武器的部署，进一步保障了疏散人群的安全性。日本飞行员对城市狂轰滥炸，造成大量市民伤亡和建筑毁损后，大约也知道郊区的沙河一线是市民疏散地，但碍于地面有宽阔茂密的浓荫掩护和地面火力的还击，只能胡乱地扔些炸弹，偶尔会炸死一头牛或毁坏农村设施。青龙场的一个水堰就被炸了，堰头一株粗壮的麻柳树被炸成两段。不过仅此而已，猖狂的日本飞机在看似柔弱的沙河面前终究无计可施。

到沙河避难的市民有两种情况：一是临时跑警报的，如李劼人书中写到的那些人；另一些是作长期疏散的，索性在沙河边搭建茅草房居住，省却了跑警报的苦恼，李劼人自己就是这样迁到沙河堡的。万年场的兴起也是这样，"万年场曾经经济繁荣，市区内的富人为躲避日本飞机轰炸，很多人家都迁到了万年场"[1]。

另一些迁来沙河边的是一批机关单位和学校。

入驻沙河边的学校

沙河不仅敞开胸怀接纳了广大市民，也张开热情的双臂迎接了机关学校的到来。从 1938 年起，便陆续有学校迁移至沙河办校，先后有二十多所中

---

[1]　谢桃坊：《成都东山客家研究》（上），天地出版社，2005 年 10 月第一版，第 219 页。

小学校和职业学校迁到沙河一带。这些学校的到来，不仅保证了莘莘学子得以继续求学，使文化的薪火不至于因战争而中断熄灭，更重要的是这些学校激发了当年地处乡村的沙河居民的文化热情。抗战胜利后，尽管许多学校都陆续迁回了原地，但它们播下的教育火种，从此在古老的沙河土地上燎原开来，尤其是个别学校就此在沙河落地生根，无疑促进了东郊教育与文化的极大发展。

1938 年 11 月 8 日，日寇飞机首次轰炸成都并造成了重大财产损失和人员伤亡，四川省政府便发布了《四川省机关团体学校疏散办法》，要求城内中小学必须在 1939 年 5 月 20 日前疏散到郊外办学。据当年随学校迁往沙河就读的学生回忆和研究资料，从沙河上游到下游的各大小乡场、寺庙都有学校和机关团体入驻。仅驷马桥至五桂桥就有十多所学校迁入：李家沱有独柏树小学，踏水桥有总府小学、大成中学，新鸿路有华阳北小，圣灯寺有省城师范学校，庞家碾（今建设路沙河桥）有成城中学，猛追湾有建国小学、志诚高级商业职业学校，邝家院子附近（今新华公园）有白庙子小学，多宝寺有成都高级工业学校，万年场有五显庙小学，得胜场（牛市口）有狮马路迁来的中华女子中学，五桂桥有暑袜北三小学……

迁来的学校面临的共同难题都是校舍问题，但这并没有难倒在艰难困苦中坚守文化抗战的师生们。首先他们因陋就简，利用破旧的寺庙作课堂。当年的不少寺庙已经残破不堪，如法华寺、五显庙、多宝寺、圣灯寺等都已衰败，墙塌屋漏，师生们便自己动手加以简单修缮，使之成为暂避风雨的课堂和寝室。其次当地居民也对学校伸出了援手，他们捐材料，做义工，帮助学子们搭建了一座座"疏散学堂"，使饱受流离之苦的师生能够安顿下来。据当年就读于五桂桥东桂村暑袜北三小的吕百良先生回忆，他们学校的教师办公室、寝室、厨房都在三官庙的殿堂，教室则是现搭建的两排草房。条件如此艰苦，学校照常坚持每日升旗，在这残酷的环境中，学生们从小就直观地感受到了什么是爱国。保和场疏散来一些机关，暑袜北三小迁来后，政府和军队人员的子弟也就近入读该校，其中有不少军人子弟。东北军将领朱洪勋的女儿朱家珍，八路军总司令朱德的女儿朱敏也都在这所学校。朱敏 1926 年出生于莫斯科，未满周岁回到成都，以后在暑袜北三小读小学，1940 年被送到延安。后来朱敏曾在《人民文学》上撰文回忆在五桂桥求学的难忘岁月。

作家刘小葵在《成华旧事》一书中有专文《抗战学校在成华》，以丰富的史料呈现了当年某些学校在沙河边艰难办学的往事。

成都师范学校及其附属小学 1939 年迁到圣灯寺。这所学校的校长是著名教育家、革命家张秀熟。原本学校计划迁到龙泉山石经寺，由于路途太远和搬迁费用过大，便改迁到东郊圣灯寺。张校长带领师生亲自动手，修缮残破的庙宇墙壁、门窗，又搭建了简陋的茅草屋，使这所曾经古佛青灯伴随木鱼声声的庙宇，从此响起了朗朗的读书声。抗战胜利后，成都师范学校结束寺庙办学历史回到城里，但寺庙中的读书声并没停下来。当地乡绅在成师故地建起了一所新的圣灯国民小学，这就是今天建设路小学的前身。

省立成都高级工业职业学校则从城里的学道街迁到了沙河边的多宝寺。这是成都的一所重要的中等专业学校，教学设备及图书均在日机轰炸中遭遇了重大损失，师生们来到多宝寺后，面临的也是寺庙难挡风雨的残垣断壁。但师生们并不为眼前的困难所惧，因为他们心中有一个共同的理念，为抗战的胜利和中国的未来而坚守。1940 年，省立成都高级工业职业学校所属染织科和成都女子职业学校染织科合并，组建了新的染织职业学校。同时受教育部指令，省立成都高级工业职业学校又先后开设了中等机械技术科和中等电机技术科，以及电讯科、航空技术科，虽然这些科系因条件局限后来多未继续办下去，但学校坚持为抗战办学的精神，正体现了中华民族绝不屈服于任何强敌的决心和意志。

1946 年，一场暴风雨袭击了多宝寺，将原本不堪一击的茅屋校舍席卷一空，使得教学完全中断，学校只好再次从多宝寺搬迁到西门外的茶店子。

猛追湾这个因府河拐弯而形成的城外荒野，沙河支流西沟正从这里流向水碾河。传说猛追湾得名系源于明朝末年张献忠在此被官军和大慈寺和尚穷追不舍。民国时期，这一带是乱坟岗，茅草杂树丛生，一派荒野景象。但是从 1939 年成都围城马路东北段开通后，猛追湾顿时热闹起来，商贩进城必从此经过，华阳县的机关搬到这里，军队也开始驻扎，袍哥在此设了公口，更有大批市民疏散而来，荒凉的猛追湾一时间草屋庐舍鳞次栉比，茶铺都开起了数家。建国小学和志诚商高也在这个时候迁到了猛追湾。

志诚商高全称是私立志诚商科职业学校，由私立志诚法学院改制而来。校址在布后街，学生众多，疏散到猛追湾已是逃难，根本无法解决那么多师生的食宿问题，于是许多人就借居在附近农民家里。可是猛追湾毕竟离城太近，与城内只有一河之隔，河上一座便桥直接连接着因疏散而打开的城墙缺口；加之小小的猛追湾一下聚集了那么多人，这就不能不引起日机飞行员的注意。1941 年 7 月 27 日，一百〇八架敌机对成都市区及郊区进行了狂轰滥炸，投弹千余颗，炸毁房屋三千余间，死伤平民一千六百多人。猛追湾也在这次大轰炸中遭受惨重损失，毁损房屋不计，人员就伤亡近两百。炸弹在府河中炸出了两个直径和深度都达丈余的巨型大坑，使府河在此形成了巨大的洄水荡，猛追湾于是又有了"猛追沱"别称。志诚商高师生经历了这次惨痛的空袭，目睹了许多无辜同胞惨遭涂炭，更激发了他们在困境中求学的勇气与信心。

空军的指挥中心沙河堡

沙河堡，又写为沙河铺。古时候是东大路上的一个重要驿站，由于它临近沙河，所以铺以沙河为名。据《沙汀日记》载：1962 年 10 月 21 日，他去菱窠，"穿过沙河堡时，场集已经登了①，做买卖的很多，给人一种物资丰富的感觉。"可见直到 20 世纪 60 年代，沙河堡还是东郊的一个十分热闹的乡场。

抗日战争期间，成都是中国空军的大本营，而沙河边的这个繁华小镇成了中国空军的指挥中心。一时间，沙河堡周围云集了许多空军机关单位，如大面铺的航空研究所，大关堰的军械库、修配所，小桥子的空军参谋部，赖家坡的第三飞机制造厂待备处等。

1939 年 1 月，国民政府航空委员会从贵阳迁移至成都。航委会主任由军事委员会委员长蒋介石兼任，秘书长是宋美龄，总指挥周至柔，副总指挥黄光锐，参谋长张廷孟。这个掌管着中国空中军事力量的最高机关，竟不得不委屈地选择能够避开日机空袭的沙河边一个叫大营门的沙河河湾地带安营扎寨，具体地址就是今天五福桥头的望江宾馆。从此之后直到抗战胜利，沙河堡一直是"中国空军的指挥中枢所在。中国空军对日作战的战略决策和重大行动，都在成都形成并付诸实施"②。

首先，航委会在沙河堡大营门决策建设了中国空军最大的前进基地和后方基地。在四川新建和改建空军基地三十三处，其中成都附近就有机场十六个，它们分别是广汉、彭山、新津、邛崃桑园、华阳太平寺、华阳中心场、

---

① "……登了"是成都方言，即"顶峰"之意。
② 成都市政协文史资料委员会编：《成都抗战记忆》，四川人民出版社，2015 年 8 月第一版。

双流双桂（今双流国际机场）、双流马家寺、双流彭镇、成都凤凰山、成都黄田坝（今132厂军用机场）、简阳平泉、灌县蒲阳、蒲江寿安方坝、崇庆县、崇庆王场猴子坝机场。在一座城市周边建设如此多的机场，在世界航空史上都是极其罕见的。当年的不少机场至今还在继续使用，它们或军用，或民用。这是抗战中的航空委员会留在史上的一项业绩，也是四川人民建在大地上的功勋碑。

其次，航委会在沙河堡大营门指挥了震惊世界的对日空战。众多的机场无论在抗战前期还是后期都发挥了巨大的战略战术作用。武汉会战之后，航委会对空军战斗序列进行了重大调整，将整个空军分为三个作战单位，即：第一路司令部驻重庆，主要配置战斗机大队，以保卫陪都；第二路驻兰州，作后方基地；第三路驻成都，司令官田曦。中国空军轰炸机大队、苏联援华志愿队轰炸机大队以及太平洋战争爆发后组建的中美空军混合大队，其主力均驻扎在成都周边。成都作为最大的空军基地，集中了当时百分之五十以上的空中作战力量。

正是在这一背景下，航委会在成都沙河畔一个十分不起眼的乡场上组织指挥了令世界刮目的对日空战。前期，中国空军和苏联援华志愿队多次对前线日军和日占区军事目标进行战术打击，并且与进犯四川的敌机展开了殊死拼搏。1939年10月3日，苏联援华志愿队轰炸机从太平寺机场起飞，轰炸日据武汉王家墩机场，炸毁敌机四十多架，炸死日军中佐以上军官多人；1939年10月14日，苏联援华志愿队轰炸机再次从太平寺起飞轰炸王家墩机场，炸毁敌轰炸机六十六架，战斗机三十七架，炸死日军飞行员六十多人以及陆海军官兵三百多人，给予了侵华日军一次沉重打击；1939年11月4日，日本空军号称"轰炸大王"的奥田喜久司大佐率机群空袭成都，遭到中国空军第五大队的迎头痛击，奥田被我空军副中队长邓从凯当场击落并丧命；1942年，中国空军少校邵瑞麟率中美空军联合大队从太平寺机场起飞，空袭日占越南河内机场，炸毁日机数十架……

这些辉煌在战绩，指令都是从沙河堡的大营门发出的。

二战后期，美国盟军制定"马特霍恩行动"计划，决定对日本本土进行战略打击。为了保证 B-29 重型轰炸机在成都起降，航委会再次决定实施以"特种工程"为代号的大规模机场建设，征集了二十九个县的五十万民工，在成都周边扩建了四个轰炸机机场和五个驱逐机机场。1944 年 6 月 15 日，七十三架 B-29 从新扩建的新津、邛崃、彭山、广汉四个机场起飞远征日本，首次执行"马特霍恩行动"，对东京及其重要工业城市进行了战略轰炸。曾经在中国天空肆无忌惮作恶多端的日本人终于尝到了炸弹的滋味。从这天起，成都的天空逐渐晴朗，敌机再也无法兴风作浪。"马特霍恩行动"计划的最初实施是从成都开始的，隐蔽在沙河堡的航委会功不可没，这也是成都对于世界反法西斯战争做出的重要贡献。

此外，航委会在沙河堡期间，还创办了中国空军最大的教育和训练基地。1939 年在太平寺创办了空军军士学校；同年又决定将南昌的空军机械学校迁往成都南郊；1940 年在灌县创办空军幼年学校；同年在成都创办空军参谋学校；1944 年在成都创办空军通信学校……航委会属下的空军单位、设备设施也迁到了成都，1942 年在成都创办了第一飞机制造厂，以苏制 SB-3 轰炸机资料为蓝本，设计制造出了"轰三"型轰炸机，成为当时中国制造的最大飞机。第一飞机制造厂还先后生产出了数十架教练机和滑翔机，世界上第一架用竹子做机身与机翼的飞机也是在成都制造出来的。上述措施有效地提升了中国空军的战斗力，使之从弱到强，并在后来的对日作战中发挥了巨大的作用。

抗战中的沙河为中国空军大本营的建立提供了宝贵的基地，而航空委员会的到来，无疑又为沙河厚重的历史再写了光彩的华章！

工业大布局

20 世纪 50 年代，流淌千年的沙河终于迎来了现代历史上的第一次巨变。

1952 年仲秋，寂静的沙河正重复着年复一年迎接冬天的准备，河中水量已经大大减少，平日浑浊的河水变得清亮见底，岸上的杂树叶子黄了，正飘零在缓缓流动的水面。河道两岸的冬水田中收割后留下的谷桩无声地浸泡在水中，小鸭正埋头在谷桩杈子之间觅食农人打谷子时掉下的谷粒儿和泥中的小螺小虾。河岸边的筒车也暂停了转动，只偶尔听得一阵鸡公车的吱呀声从田野间的土路上传来。

忽然，一群身着中山装和洋西服的人出现在田坎上，他们手拿图纸，一边看图，一边查看实地场景；穿西装的外国人则指指点点说着什么，人群中的口音南腔北调都有。这群突然而至的城里人，是四川省市有关负责人陪同的由第二机械工业部十局副局长王士光率领的工厂选址勘察组。他们中有中国工程师和苏联专家，此行的目的是要为即将组建的几家军工厂寻求理想的厂址。

专家们考察了沙河中上游及其东山的地形地貌。不久，一份由二机部详尽编制的沙河流域规划图就摆在了中央和省市领导的办公桌上。

沙河的新时代开启了！1953 年，中华人民共和国第一个五年计划正式实施，沙河是这一计划中重要的一部分。

沙河水是工厂的血液

我工作的第一天就与沙河打交道。

1976年，我进入了719厂工作，成了东郊的第二代职工。在学工培训班结业后，我被分配到机械动力科，简称机动科。

上班的第一天，科长对我说，你的具体工作还没研究，先到冷冻站去值班吧。班长把我带到厂南大门附近的冷冻站（今二环路东一段与建祥路交接处）。冷冻站是搞啥的，我头脑中一片空白，段班长简单地告诉我，冷冻站的工作就是制冷，夏天为装配车间和厂部大楼输送冷气。

我来到冷冻站的厂房，只见两台巨大的机器正轰轰隆隆地工作，若干大大小小的铁管上都结满了一层厚厚的白霜，透凉的空气中弥漫着不算浓的氨水味，机器上的铭牌写着"大连冷冻机厂"的字样。站里几个工人每日值班看守的就是冷冻机上那许多的阀门和仪表。看着这一堆阀门和仪表，我心里有点发虚，不知道开关错一个阀门会有什么样的结果。不知班长是否看出了我畏难，无所事事地值守了三天班以后，他改了主意，说你还是到沉淀池去值班，那儿清静。我又大惑不解，沉淀池在哪里，去做啥？班长告诉我，冷冻机制冷要大量冷水，所以工厂在沙河边专门建了沉淀池抽水。

沉淀池在踏水桥上游大约百米远的地方，就是今天秀苑东路航天新兴苑。这里有一高一矮两个大型的蓄水池，高的水池装满从河中抽进的水进行沉淀，因沙河含沙量大，不能直接送给冷冻机循环。澄清后的水通过池口一道闸门流进第二道水池储存，然后就被输送进工厂使用了。这两口水池让我立刻想到成都老茶铺中的老虎灶。早先成都茶铺的"河水香茶"就是用这个办法沉淀河水，然后经多层过滤后才能使用。所不同的是现在用水泵抽水和送水。

　　这里值班很简单，但时常要去沙河边查看，检查进水口是否被杂物堵塞。只见粗大的水管伸在河中，水泵接通电源，就像一条巨龙源源不断地吞吸河水。

　　沉淀池的工作简单乏味，除了定时抽水和输水外，几乎无事可做，多数时间只有看书，或者拿根鱼竿在池中钓鱼。20世纪70年代沙河还有很多鱼，水泵抽进来不少鱼苗，沉淀池一年半载才清洗一次，有值班的师傅不时撒些白饭喂鱼，鱼苗便在池中渐渐长大。值班人员实在闲来无事，便守在池边钓鱼打发时光。当然，钓鱼若是被领导发现了，还是要被不痛不痒批评的。

　　我在沉淀池和冷冻站值守了近两个月班，终于等到了分配的新工作，于是便离开了冷冻站。与沙河直接打交道的时光结束了，但我从此对这条流淌在东郊的河流有了新认识。以前只知道河流可能对化工厂、造纸厂之类的企业很重要，从来没有想到河水对于像719厂这样的无线电工厂也如此要紧。如今明白了，沙河水之于工厂而言，不仅是中央空调制冷需要，工厂中化工、

▲ 沙河踏水桥头的套丝机工业雕塑　张义奇摄

铸造、热处理等车间都需要大量用水。

　　因为有了这个短暂的经历，以后我每每走过沙河边，都会很留意河中是否有粗大的吸水管，并且心中常常冒出可笑的念头，这河水会被沿途的水管抽干吗？这当然是杞人忧天，但也表明了沙河对于东郊众多工厂的重要意义。可以说，没有沙河就很难有两岸工业的发展兴盛。

　　沙河水是东郊工业文明的血液。

十万大军治沙河

因为沙河有充足的水源，东郊才雨后春笋般冒出了林立的工厂群。

1952年底，当二机部专家们的工厂选址方案摆在决策者的办公桌上时，成都市另一个治理沙河的计划也开始实施了。

自古以来担负农业灌溉的沙河即将接受新的使命。

20世纪40年代的沙河，因为年久失修，河道严重淤塞，已经是千疮百孔。每当夏季雨水季节，西北方高地上诸多的小河沟要经沙河泄洪，凤凰山一带的洪水也要涌进沙河通道，加上东山台地上汇入的水流，如万马奔腾都要挤进狭窄的沙河河道。以沙河当年的承载能力，洪水只能漫上河岸，淹没农田和村庄。

与东郊首批规划的企业同步，1953年，四川省的水利专家们就通过周密的勘测与规划，制定出了集工业、农业用水和城市排洪为一体的沙河整治蓝图。国家水利部要求改造后的沙河防洪标准是五十年一遇和二百年一遇校核洪水 ①，并解释说："沙河沿线将来会有许多工业大厂，防洪措施不当，随便淹一个车间，其损失都将难以弥补。"经过一年多的反复论证，至1954年底，一套科学的沙河河道改造方案最终确定了。1955年春天，当料峭的寒霜还笼罩在沙河两岸的田野间时，成都市组织的治河大军便开进了工地。这是一支由市民、郊区农民、青年学生、机关干部、部队军人等各方人们组成的治河大军。参与的人员究竟有多少，现在已难以说清，但前后分批次的人数在十万以上，因此人们统称为十万大军治沙河。

---

① 校核洪水，指符合水工建筑物校核标准的洪水。反映水工建筑物在非常运用情况下所能防御洪水的能力，是水利水电工程规划设计的一个重要设计指标。

　　20世纪50年代成都百废待兴，经济薄弱，基本建设缺乏工程机械，多数是靠人力完成。改造、疏浚河道都是人工挖掘，泥土也是车推肩挑。一位参与过治河的老工人告诉我，当年沙河边插满红旗，工地上人山人海，大家都积极参加劳动竞赛，他已记不得自己挑烂了多少对箢篼，磨坏了多少副护肩。

　　这次沙河治理，工程分为三期。第一期治理从驷马桥到多宝寺八千米的河段。驷马桥附近因为成渝铁路要跨越，所以扩宽的沙河在此拐了一道弯，将驷马桥南移了百余米，在老驷马桥的旧址上建成了至今还在使用的第一座立交桥，成渝铁路从川陕公路横跨的地方正是沙河故道。沙河从驷马桥至跳蹬河的河道被人为拓宽，并且在跳蹬河修建了节制闸和杨家碾，在麻石桥建了跌水闸，首先解决了即将建成的成都热电厂的水源需求，从而保证了东郊工业建设工地的用电问题。第二期工程是治理从洞子口至双水碾一带沙河源头，建成了双水碾节制闸等多座闸坝、跌水。第三期不仅完成了排洪河、洗

▲ 20世纪50年代种植于沙河岸边的梧桐　张义奇摄

瓦堰、砖头堰等农灌渠的改造，还拓宽、深挖了多宝寺至沙河出口河段，兴建了闸坝，其中最重要的工程是改变了下游古鸦坡路的一段河道，将原来在上五桂桥就转向望江楼流入府河的一段改道经三瓦窑入府河，从而新开了五千米的沙河下游河段，并且在其左岸平行开挖出一条小沙河，以利于下游农田灌溉。

　　沙河前后三期整治工程，历时两年多，至1957年竣工，先后耗资403万元，征用土地2599亩，拆迁民居14486平方米，治河大军纯粹靠人工，开挖土方达232.5立方。治理后的沙河，底宽8—35米，河面宽18.5—60米，设计深度达到了2.5—6.7米；沿河建设了11座水闸，35座闸门，不仅解决了沿河5万多亩农田灌溉用水，更重要的是保证了正在兴建和即将陆续建设的150多个工厂的需求。

　　治理后的沙河两岸呈现出一片崭新的景象，从1955年起，市级机关干部、学生和东郊企业的职工连续数年在两岸植树造林。据《成都沙河话古今》书中介绍，头一年就在河岸上种植法国梧桐，即悬铃木5745株；第二年又栽下了桤木、杨树8.97万株；三年后种植的各种树达到了39.7万株，并且在下游培育起宽6米、长8千米的狗牙根草坪作护堤。以后从1959年至1964年，又先后植树达11.28万株，使美丽的沙河形成了一条绿色的长廊。如今沙河畔的法国梧桐早已高大如伞，树干需要两三人牵手才能合围。看着这些高大的树木，当年曾经亲手种下它们的老人无不自豪，工人作家王金泉当年在294技校读书，他和同学们都参加了植树劳动，许多年后王金泉在报上发表了散文《沙河树》，讲述的正是在沙河植树的故事。

　　沙河的变身，预示着东郊新时代的来临，两万多平方千米的原野上，一座现代化的工业之城将如红日喷薄一般冉冉升起。

新兴的现代工业与新移民

20 世纪 50 年代中国经济虽然薄弱，但却是工业崛起的时代，几千年的农业大国从此开始迈向了工业强国之路。今天的中国能从弱到强，成都沙河是贡献了微薄之力的。

如果说把十万大军治理后的沙河比喻成一幢新建设的大房子，那么这幢房子就要进入住客了，那住客正是一座座现代化的大工厂。

军工企业首先落户

1953 年，苏联政府援建中国的 141 个工业建设项目（以后又增加至 156 个），其中有三个首先落户在成都东郊。这三个建设的军工企业分别是 784 厂、719 厂、715 厂。

784 厂，邮政代号 107 信箱，即国营锦江电机厂。据《裴亚东革命回忆录》记载，工厂在筹备之初原本选址在西安、太原等地，后筹备组成员转而去筹备 785 厂。784 厂则由二机部十局副局长王士光率领中苏专家组，在 1954 年最终将厂址选定在成都东城 2.5 千米处的二仙桥附近。当年 11 月，工厂专线铁路开始修建。1956 年，二机部批准了由苏联专家编制的工厂设计方案，苏联提供了主体工程设计图和研制测高雷达与地空导弹配套产品的技术资料。1957 年 4 月，784 厂的第一个军品开始试制，次年正式投入生产。如今工厂仍在老地方，是东郊仅存的一家未搬迁的军工厂，现名为中电锦江信息产业有限公司。

719 厂，邮政代号 69 信箱，原名成都无线电厂，后更名为国营新兴仪

▲ 20世纪50年代正破土开建的锦江电机厂工地　　成都市成华区地方志办公室供图

器厂。2003年工厂破产重组为成都航天通信有限公司。这个工厂是苏联援建的无线电通信设备项目，最初主要是生产为飞机配套的导航通信系列产品，是全国独一无二的导航通信工厂。1954年开始筹建，1955年在今二环路东二段北侧（今龙湖三千）田野上破土动工。工厂1956年建成并试生产，1958年6月18日正式生产军品，苏联派出了以戈尔什果为组长的32名专家组到厂工作。1959年接受研制地空导弹红旗二号弹上和地面测试的配套产品任务，为人民解放军装备的现代化做出了重要贡献。

　　719厂先后隶属二机部、三机部、四机部、八机总局、七机部、八机部等，产品涉计了航空、航天的多种配套设备。2003年经过破产重组后，更名为成都航天通信设备有限公司。

　　715厂，邮政代号82信箱，原名西南无线电厂，后更名为国营宏明无线电器材厂。这是一家集研发、生产电子元器件为主的大型综合电子企业。工厂于1955年在圣灯寺开工建设，1958年正式建成生产，苏联派出了以高尔波夫为首的四十余位专家到厂。

以上三个工厂是最早落户在东郊的军工企业。苏联援建项目增加至 156 个以后，又有一批企业陆续到来。

1958 年，东郊的另一个重要军工企业国营红光电子管厂在圣灯寺旁的马槽沟村诞生。这是中国建成最早的大型电子束器件基地，中国第一支自主研发生产的显像管就出自该厂。红光电子管厂的基础班底是 788 厂，主要生产军用高照度探照灯，但这类产品早已经落后，因此红光在建厂时主要生产电视机播管，以后逐步发展成我国最大的显像管玻壳生产基地。红光电子管厂，内部代号是 773，邮政代号 106 信箱。

在苏联追加的援建项目中，国光电子管厂也是较早落户沙河畔的。1958 年，工厂筹建时本选择在德阳与"二重"厂相邻，后改定在成都沙河踏水桥东侧，1963 年工厂落成，将原来的内部代号由 778 厂改为 776 厂，邮政代号 6 号信箱。

906 厂，即成都电机厂，邮政代号 68 信箱，也是 156 个重点建设项目之一。1958 年在沙河踏水桥上游东岸选址建厂，1959 年开始试制生产。该厂早期归属于一机部，是我国电子工业系统微型与特种电机的骨干专业生产厂，既是唯一兴建的为军事电子装备配套的特种微电机工厂，又是国内最早建成的大型微电机制造厂之一。

成都量具刃具厂早在 1952 年就开始筹建，邮政代号为 125 信箱。后一度项目下马。1955 年重新上马，选址在成都东北郊 2.5 千米左右的马王庙建厂。工厂负责人当年坚持"先生产，后生活"的建厂原则，艰苦创业，为节省办厂资金，工厂采取了复制哈尔滨量具刃具厂的办法建厂，如今仍矗立在二环路东一段与府青路交汇处的"红楼"，便是与哈量一模一样的建筑。1957 年，成都量具刃具厂所建六个车间相继生产，1958 年正式建成厂房。以后刃具厂又在府青路沙河畔先后包建了成都冶金实验厂、成都轴承厂、成

▲ 航拍东郊，沙河从工厂群中流过。　成华区地志办供图

都机床厂。这些工厂最初都是成都量具刃具厂的分厂，后升级独立出去，或成为地方国营工厂。

1956 年 4 月，二机部批准成立国营成都光学玻璃厂筹备组，1957 年国家建委批准了光学玻璃厂的设计方案，决定在成都沙河杉板桥以北兴建军用光学玻璃生产厂。1958 年 9 月，工厂在简易的"草棚"中熔炼出了第一锅 K6 玻璃。之后工厂正式被命名为 208 厂，邮政代号 35 信箱，对外全称国营光明器材厂。

在沙河府青路二段原倒石桥北侧，原有大片的农田和桑树林，是沙河岸边一处著名的蚕桑养殖基地。1957年被二机部选定为成都通用无线电测量仪器厂厂址。这是由我国自行设计的无线电测量仪器专业生产厂，于1958年7月正式动工建设，1963年建成投产，两年后更名为国营前锋无线电仪器厂，内部代号766厂，邮政代号40信箱。

占据了东郊工业区最大地盘的是人们熟知的420厂，即国营新都机械厂，其邮政代号77信箱却很少人知道。有人将其与被戏称为"西霸天"的132厂对应，称420厂为"东霸天"。这家东郊规模最大的军工企业，由沈阳111厂包建，主要生产喷气式歼击机发动机。1958年，111厂除了为420厂输送了4000多台大型机床设备以及各种仪器、工装工具外，还支援了生产工人、技术人员3841人。援建职工分水路和陆路跨越半个中国，来到成都落户，至1964年终于建成了我国第二座大型歼击机发动机生产厂。

▲ 420厂大门　成都市成华区地方志办公室供图

与 420 厂规模相当的是占据了双桂路至牛市口，二环路东四段到古鹅坡路一大片土地的 65 厂，即人们熟知的成都无缝钢管厂。这是冶金部 1958 年建成的一家重点企业，曾经为中国制造的火炮、坦克等常规武器提供了大量优质的无缝钢管产品。1957 年，冶金部会同重庆钢铁公司、西南钢铁厂及黑色冶金总院组成选址工作组，先后在江油、德阳等地查勘了多处地址，最后还是决定将工厂建在与 420 毗邻的沙河边。经过几十年的发展，无缝钢管厂最终成为东郊企业中人称的"一代枭雄"，为国家的冶金工业发展做出了巨大贡献。如今在工厂的旧址上，道路纵横，高楼林立，已经被商住楼、学校、医院等占据，成都妇女儿童中心即是其标志建筑。

成都东郊在 20 世纪 60 年代的"三线建设"中又迎来了一批军工企业。1964 年，四机部将南京 772 厂半导体车间的工人、技术员及其设备迁移成都建厂，地址选择在沙河建设路大桥东侧（今为金域蓝湾住宅小区），与国光电子管厂共同组建了 970 厂，即国营亚光电工厂，邮政代号 7 号信箱。

1964 年四机部还决定将北京电子管厂钨钼分厂的全部人员和设备迁往成都，厂址确定在圣灯寺紧邻 719 厂的南侧，由此组建了 745 厂，外称西南专用材料厂，邮政代号 253 信箱。

民用企事业跟进

在军工建设的同一时期，从 20 世纪 50 年代至 60 年代，一批重点服务型企业和民用企事业也相继落户在成都东郊。最早建成的是国营成都电厂，这是东郊所有企业的"先行官"，有了它的及时建成投产，才有力地保证了沙河两岸新兴工业的能源需求。成都电厂也是苏联援建 156 个重点项目之一。1952 年由省市众多电力专家组成的厂址选择委员会经过反复论证，确定在当时的交通乡所属的跳蹬河建厂，经中央燃料工业部批准后，于 1953 年正式建成发电。1955 年，国营成都电厂更名为成都热电厂，邮政代号 100 信箱。

成都机车车辆厂在东郊工厂群中是特立独行的一个，它距离沙河干流最远，厂址在二仙桥以北沙河支流下涧漕旁，是铁道部建立的一家大型机车修理厂。其前身是淮南煤矿属下的九龙岗机车修理工厂，1951 年曾迁往重庆九龙坡，1954 年再次迁至成都，命名为成都机车车辆厂。

四川棉纺织厂也是一个建设较早、与国计民生攸关的工厂。1956 年，西南纺织管理局决定在四川建立一个大型的纺织企业，1957 年，经国家纺织工业部批准，将工厂建立在东郊沙河成都热电厂的西南边。厂址北起麻石桥，南达牛龙公路的双龙岗；东至热电厂小学，西抵蔡家花园、梁家堰。企业初名叫成都棉纺织印染联合工厂，曾一度暂缓建设，1958 年再次续建，厂名定为四川棉纺织厂，再后更名为四川第一棉纺织厂。如今工厂旧址已成住宅小区，锦绣东方即坐落其中。

1957 年，国家化学工业部确定在四川建立抗生素企业，定名为四川抗生素厂。1958 年开始具体筹备，并先期在沙河杉板桥附近的乱坟岗上建成了土霉素车间，1959 年正式生产，从此填补了我国西南地区无抗生素产品的空白。1966 年，四川抗生素厂更名为四川制药厂。

与四川制药厂相邻的还有四川抗菌素工业研究所。这是 1965 年由上海医药工业研究院抗菌素室的一百四十余名科研人员及所属设备为班底内迁建立起来的医药科研机构。川药厂与川抗所组成了成都东郊医药科研与生产的重镇，从 20 世纪 60 年代起，在这里研制生产的抗菌素种类与产量都位居全国第一。

机械工业方面的一批民用企业与科研所也在 20 世纪 60 年代相继来到成都东郊。

1964 年，由上海电焊机厂内迁与成都电工器材厂合并组建了成都电焊机厂，厂址选择在今二环路东一段与建设北路交汇处。

1965 年 12 月，一机部再将上海滚动轴承厂部分骨干人员与设备内迁成都，以充实、发展成都轴承厂。

同年，一机部决定将上海电气科学研究所的电焊机研究室内迁成都，选址在 906 厂一侧建立成都电焊机研究所；与此同时，一机部还决定工具科学研究所由哈尔滨再次内迁成都（此前曾由北京迁往哈尔滨），利用成都量具刃具厂的老车间旧址建起了办公楼和试验场。

冶金部也在 1965 年，批准将成都冶金实验厂作为北京钢铁研究院的分院，将工厂升格为部属企业，代号 512。

电焊机研究所、工具研究所、抗菌素工业研究所与钢铁研究院西南分院，就是成都人常说的东郊的"三所一院"。

国家在沙河畔进行工业大布局的同时，中高等教育也从未缺席。20 世纪 50 年代建立多所技校，如 293、294 技校等为东郊各工厂培养了最早一批有知识的技术工人；70 年代后，更是每个工厂都陆续办起了技校，从而保证了工厂后继人才的来源。

成都电讯工程学院可以说是专为东郊培养工程技术人员而兴办起来的，各工厂顶梁的工程技术骨干不少出自该校。沙河之滨的这所大学，是 1956 年由交通大学电讯工程系、华南工学院电讯系和南京工学院无线电系合并组建的。"成电"先后归属过二机部、一机部、三机部、四机部、电子部、机电部、电子工业总公司、信产部等，如今是教育部直属的重点高校，经过几十年的发展，昔日的"成电"已经成为闻名全国的重点高校"电子科技大学"。

从 20 世纪 50 年代起，数十家军工和民用企业被布局建设在沙河两岸。"一五"期间国家的 156 个项目，有 8 个在东郊；其中 9 个电子工业项目，有 4 项落户东郊；而四川的 13 个重点项目建设也有一半落户在东郊。到三线建设时期，又有一大批企业迁移进来。据有关统计数据表明，鼎盛时期东郊有一定规模的工业企业达 170 多家；1990 年，东郊许多工厂已经进入衰退期，但工业总产值依然占到了全市的 52.4%，占全市国有工业企业总产值的 75% 以上。

作为一条从农耕文明跨入了当代工业文明的时代河流，沙河连接的不仅是昨天与今天，历史与未来，也是一条地理上的纽带，团结了两岸大大小小的工业企业。打开 20 世纪 90 年代以前的地图，便能清晰地看见沙河从北到南犹如银河一般灿烂的工厂群。

除了上述众多的大型军事或民用企业外，在宛若星汉的工厂群中还有不少本土企业。沙河不仅为国家大工业建设尽了力，也极大地促进了地方经济建设。沿沙河的工厂有一种目不暇接的感觉，从沙河源头成都自来水二厂到沙河尾段，密集的工厂就有红旗柴油机厂（即内燃机总厂）、成都轻型汽车厂、汽车制造厂、成都消防电气设备厂、成都砂轮厂、成都化工厂、成都铸钢厂、成都钟表厂、成都有色金属压延厂、电气空调设备厂、成都拖拉机厂、成铁车轮厂、四川链条厂、四川水泥制品厂、成都栲胶厂、成都羽毛厂、成都电气控制设备厂、成都牙膏厂、成都香料厂、四川铸造厂（四川电缆分厂）、四川旅行车制造厂、金属粉末厂、成都机床修配厂、成都肉联厂、成都轴承总厂、成都机床厂、宏光高压电器厂、成都制药三厂、成都科学仪器厂、成都中药厂、成都水泥管厂、成都硅酸盐厂、成都灯泡厂、成都蓄电池厂、气象温度仪表厂、成都非标准设备制造厂、成都客车厂、成都天然气化工厂、成都配件厂、成都矿渣水泥厂、成都高压容器厂、成都变压器厂、成都油漆化工厂、成都烟厂、成都玻璃厂、西南玻璃厂、成都玻纤维厂、成都溶剂厂、成都罐头厂、成都沙河电镀厂、成都起重电器厂、成都造纸二厂、消防器材厂、成都药械厂、峨眉自行车厂、成都粮食机械厂、望江化工厂、成都制革厂、成都玻璃模具厂、成都轻化工机械修配厂、成都日化厂、成都火柴厂、四川专用汽车制造厂、成都化学试剂厂、成都水箱厂、光明化工厂、科学仪器厂、山鹿汽车制造厂、成都八一服装厂……

　　从东郊工业化建设到工厂撤离的半个多世纪中，全国、全省各地汇聚而来的建设者们，构成了沙河两岸的新移民。从 1983 年金牛区政府编的《成都市金牛区地名册》的人口数据看，沙河畔一个生产大队人数最多的只有两千多，以此推算下来，沙河两岸的农业人口到 20 世纪 80 年代也还不到十万人。而沙河沿线的工厂职工和家属人数却是农业人数的许多倍。一个军工厂，少则两三千职工，多的则达万人以上，加上家属就得翻倍。正是这个庞大的职工群体和他们的家属，构成了当代东郊的新居民。

　　由于东郊职工来自五湖四海，也给东郊带来了各地不同的文化风尚和生活习俗。新东郊不同于老成都传统文化，也不同于沙河两岸的湖广与客家文化，而是带着四方杂糅的文化的特色。仅以语言而论，在东郊能听到来自祖国四方八面的声音，甚至在一家人的亲戚聚会中就能听到天南地北的口音，而这些语言又相互影响，形成了东郊人独特的话语方式。东郊人多维度、多视野的文化构成方式，尤其是大工业所养成的企业精神，不仅形成了东郊工业时代最富活力的人文内涵，而且也是极大地丰富与扩展了成都当代文化外延。

因工业而兴的道路桥梁

"东郊"在成都城市的历史上是一个随时代而变换的概念。随着市区的扩大，郊野会不断地外移，从历史上看，成都东郊至少已历经了三次大变化。从公元前311年成都建城，经秦、汉、魏晋、隋直至晚唐以前，大慈寺、红星路一带已经属于"东郊"。到唐乾符元年（874）冬，高骈筑罗城并使郫江改道以后，东郊便移至今内环线以外。工业时代的东郊就在这个范围内。改道后的郫江（即府河）就像一道围栏，府河以西是市区，以东便是郊区。在20世纪50年代以前，东郊一直是相对独立的农业社会，虽然府河上有渡船有桥梁连接东西两岸，但一河之隔的市区与郊野仍然泾渭分明，是工业文明的到来打破了这种城乡的界限。

进21世纪后，当众多的工厂纷纷撤离，老东郊已成主城区，而新东郊则继续外移，今天的成都东郊应该在三环路东段以外了。这是城市变迁的必然，也是历史发展的必然。

回眸历史上的东郊，正是工业时代的到来改变了这座城市的面貌。其中"三桥五路"构成了老东郊的城市基本格局。所谓三桥，是指一号桥、二号桥、东风大桥；五路则是建设路、府青路，水碾河路、一环路东段、二环路东段。这"三桥五路"纵横在沙河两岸，其中三座桥尽管在府河上，但它们构成了进入沙河工业核心区域必经之路。

一号桥

一号桥即红星桥，连接红星路至府青路。1954年建成，以当年在府河上建桥的工程顺序命名，因最早建成，所以称一号桥。一号桥是城内经府青路进入东郊的必经之路，因东郊是军事工业所在地，故而以前在桥西头，即今军区口腔医院大门处，曾立有一块牌子，上面有汉、俄、英文字写着"外国人未经许可不准超越"。

一号桥在成都市区所有桥梁中是独一无二的"一桥担四区"的桥梁。大桥两头和两侧，分别属于青羊区、锦江区、金牛区、成华区。而成华区和金牛区少部分地区正是老东郊工业基地的区域，也是沙河流经的主要区域。

▲ 神秘的东郊警示牌　成都市成华区地方志办公室供图

二号桥

二号桥即新华桥，是三槐树街经猛跳路（猛追湾至跳蹬河，即今之新鸿路）、猛圣路（猛追湾至圣灯寺，即今建设路）进入东郊的必经之路，20 世纪 50 年代还没有双林路。建桥时间也是 1954 年，但稍晚于一号桥，所以命名为二号桥。在大桥东头，今富临花园地址上以前是四川柴油机厂，在这家厂的大门外也曾立有一块牌子，告诫"外国人未经允许不得超越"。

东风大桥

东风大桥比一、二号桥建设得都晚，是由市中心经东风路、水碾河路进入东郊的必经桥梁。东风大桥与东风路同时兴建于 1958 年，从大桥向东直行两千多米就是 420 厂等军工企业，所以，在东风大桥西头依然立有一块牌子，禁止外国人进入。

三座大桥一条河，犹如一道屏障将市区与东郊阻隔开来，也造成了一座城市两种截然迥异的风格。

府青路

府青路浓缩了道路两头的地标名称，南端是府河，东北端便是东山五场之一的青龙场。府青路 1956 年建成，因一号桥连接 1954 年新开的道路红星街，所以在 20 世纪 60 年代便改称这段道路为红星北路。80 年代恢复旧名，并分别以一、二环路为界将府青路分为一、二、三段。一段从红星桥至一环路，这一路段跨曹家巷、马鞍东路，重要的企事业单位有四川石油管理局、石油勘探开发设计院、四川省外贸进出口公司以及市建二公司等，东郊军工厂建设的主力军省建三公司等建筑企业就在曹家巷。二段起自一环路北四段和东一段的府青立交桥，至二环路刃具立交桥，这一路段横跨府青沙河大桥，道路两侧如今多商家、学校、民宅和政府机关，但以前却是工厂企业相连，前锋无线电厂、成都轴承厂、成都机床厂、四川粮油食品进出口公司冷藏加工厂、量具刃具厂宿舍区等都在此。三段是南起刃具立交，北抵八里庄路和驷马桥路交汇处。如今道路东侧有府青巷通八里小区，西侧现在正拆迁规划城市景观，但以前是512厂、成都肉联厂、成都肠衣厂、中国集装箱总公司成都分公司、成都公路集装箱运输中转站等企业的地盘，南头东侧则是成都量具刃具厂，著名的地标建筑红楼就在道旁。

水碾河路

水碾河路连接东风路，是市区进入东郊的重要通道，这一带在清代中叶时还是荒郊野外，沙河支流东沟经过此地双林盘。后来人们在小河上建了座水碾，供附近农民磨面、碾米，因水碾正处于双林盘至龙潭寺的乡道上，人们便称此地为水碾河。1958年兴建东风路时，为方便东郊工业建设，将东风路向东延伸了一千五百多米，形成了一条通汽车的公路。不过在20世纪70年代以前，道路宽度还是比东风路窄，路两边多农田，工厂间或分布其间。著名的红旗铁工厂，即成都工程机械厂就在南侧，大企业420厂和65厂则在东头的南北两侧。以后水碾河路被拓宽，成为东风路二段，渐渐兴起了不少高楼，成都饭店、成都市少儿艺术宫、水碾河商场等，都在该区域内。

与成都街道多种法国梧桐不同，水碾河路两侧全种香樟树，终年翠绿。20世纪80年代，在水碾河一环路与东风路的十字路口中央兴建了一个街心花园。园中矗立着一座名为"建设者"的大型雕塑，可视为东郊工业岁月的纪念。雕像底部为一大银色金属圆环，环上立有一男一女两名身穿工作服的焊工。男工双手掀开头上戴的焊工帽，昂首挺胸，凝视远方；女工则屈膝坐于环上，神情恬静，飘逸的长发正迎风展开。雕塑高约十米，重四吨，采取抽象的艺术形式。他们代表的正是东郊千千万万的普通建设者。这尊雕塑构思巧妙，紧扣东郊建设主题，是对一段历史的艺术记录，据说这尊雕塑耗费了雕塑家任义伯三年时间才完成。可惜后来水碾河再次扩展道路，雕塑被移走了。

建设路居于水碾河与府青路中间，长度也比另两条路短，然而建设路是东郊道路的脊梁，是东郊的中心。建设路西端起于猛追湾，中间跨沙河，东头止于二环路东二段，全长仅一千米多点。从城内可经一号桥、东郊体育场或二号桥、猛追湾到达建设路进入东郊工业区中心。

建设路

建设路是一条典型的工业文明之路，它是随着东郊第一批工厂建设而开辟的，以前只有一条走鸡公车的小路，1956年拓宽成大路，分别取一头一尾两处地名中的一个字，叫猛圣路，最初仍然是尘土飞扬的黄泥巴路。1962年更名为圣灯寺路，1965年再次改名建设。以后，与建设路相交或平行的多条小路都以"建设"命名，也算是对东郊工业建设的历史记忆。

作为东郊工业区的中心，建设路从南到北，鳞次栉比地分布着军工企业和它们的宿舍区，719、715、784、773、776等厂的宿舍区和成都电讯工程学院、776、970厂区均排列在这条路上。沙河是这条路的分界线，河西是生活区，河东是工厂区。在生活区有服务大楼（后重建为华联商厦），系成都市贸易公司所办，设有旅馆、餐厅、高级理发店、货车停车场；另外有一个沙河电影院，一个百货商店，一个副食品商场，一家蔬菜公司，一个新华书店，一个邮局，一家工人医院（今为成都市第六人民医院）；还有三个餐馆，除去服务大楼附设的餐馆外，邮局旁有回民饭馆，新华书店隔壁有面馆，沙河桥头有家中餐馆。

建设路两旁的树木也十分葱茏，两侧街沿靠近建筑物的是碧绿的夹竹桃，每当花季，红的和白的花朵夹杂在绿色中间，很是美观；街两旁则是法国梧桐，夏天浓绿成荫。建设路上一道最美的风景是每天上下班高峰时期的自行车流。早晨七八点钟，上班的人们从四面八方汇聚到建设路上，然后奔向各个厂区，下班时又从各工厂拥到建设路上再分流到千家万户，风雨无阻，年复一年。梧桐树与夹竹桃之间的街沿上是步行的人流，马路上则是滚滚的车轮，汽车轮、自行车轮都转动缓慢，6 路公交车的喇叭声，自行车流的铃铛声交织在一起，组成了一幅车水马龙、人声鼎沸的热闹场景。我曾经是这条人与车辆组成的河流中的一粒石子，回忆当年的壮观景象，心中仍有澎湃起伏的感觉。

二环路东段

如果说上述几条路是东郊的经线，那么一环路和二环路则是纬线。尤其是二环路，其中从北三段一部分至北四段、东一段、东二段、东三段，大约六千余米的长度和两三千米宽度范围内，都属于东郊工业的核心区域。道路两侧全是工厂或它们的宿舍。如北四段有 512 厂，东一段有成都量具刃具厂、906 厂，东二段有 719 厂和 776 厂，东三段有四川棉纺织厂、成都配件厂、420 厂，东四段有成都无缝钢管厂。二环路与一环路加上府青路、建设路、水碾河路，共同编织成了东郊工业区的道路网。

而沙河便蜿蜒穿行在这些道路中，伴随着成都现代工业文明在这里蓬勃地生长。

火车东站从上游到下游

　　成都有两个火车东站，一个在沙河上游，一个在下游。如今上游的东站已经消失，下游的东站却日益繁忙。

　　从二仙桥沿八里庄路往北约一千米，是曾经繁忙的成都东站。火车的汽笛与轰隆声传得很远，尤其在夜深人静的时候，火车的"呜呜"声几乎全城都能听到。当年成都的许多小孩并没有见过火车，却早早听过了火车的吼声。我曾问大半夜火车在哪里叫唤，大人回答说在东站。有一次跟曾祖去赶青龙场，终于看到了吐黑烟冒白气的火车，那巨龙的吼声就是从这里发出的！

　　这是东站留给一代人的记忆，是蒸汽机时代货运东站留在历史上的印记。

　　2016年夏天，成都东站内那十多股铁道线在工人们的大扳手与钢钎下被拔除了，立在铁轨尽头的土挡也轰然倒塌了。所谓土挡，是铁轨的尽头，列车进入土挡轨道便是尽头。土挡倒塌和铁轨拆除，表明作为成都最大货运东站的历史终结了，在这一片广阔的土地上，一幢幢高楼大厦和城市设施正在兴起。

　　遥想当年，成都东站是何等气魄！东站是成都铁路局属下的一等货站。1952年，在东郊大规模工业建设的前夜，随着成渝铁路的通车，东站正式启用，并发展成为成都地区最重要的货运编组站。鼎盛时期的东站，地盘从驷马桥一直抵达十里店，职工达三百多人，有铁路总长度六千二百米。然而到了2013年，庞大的东站已经缩水到不足从前的十分之一，职工仅剩下六十余人。曾经响当当的成都东站，成了一个连四等小站都不如的"八里站"。

　　成都东站的兴衰与成都东郊工业区的兴衰是密切联系的。当年东郊众多的机器设备、生产原材料都从东站转运到各工厂，而各工厂的产品也通过东站运往全国各地。东站是成都名副其实的货运集散中心。

然而，当东郊的工厂分散搬迁，加之北编组站也在2007年建成投入使用，老东站的历史使命便彻底完成。老东站因东郊工业而兴，也因东郊工业的变迁而退出历史舞台，它为成都工业的崛起和人民生活的改善所做出的贡献，已经深深地刻画在东郊的土地上。

作为成都货运的东站消逝了，但作为客运的东站正方兴未艾。这个新兴的东站就是适应了现代高铁和城市新节律的城东客运站。

城东客运站是崭新的东站，是人们盼望了数十年的客运站。它的前身为成都北站与南站之间的区间站，是位于成昆线上的四等小货站，名沙河堡站。这个沙河堡站地处保和乡杨柳店附近，对它的名字，当地人很不以为然，说它"离沙河堡还有一帽子远的距离，却顶着沙河堡的名头"。其实这是人们

▲ 成都东客站前身沙河堡火车站　冯荣光摄

在埋怨沙河堡站不是客运站。几十年中，沙河堡站除了货车停留外，载客的只有短途的闷罐车停留过，绿皮火车若不是等待与前方会车，总是从站上呼啸而过，站上留下的只有孤零零挥舞小旗帜的值班员。

2008年，东门外的沙河堡火车站时来运转了，一座规模宏伟的现代化客运站在它旧有的地基上拔地而起。也就在这一年，政府投入巨资，用了近三年时间，硬是将一个四等小货站推倒重新建成了成都最大、最现代化的城东客运站，每日发送旅客可达数十万人。

崭新的客运站，一楼有地铁和多路公交线路延伸到城市的四面八方，还有长途客运可直接把旅客转送到全省各地；二楼候车厅则犹如候机大楼，整洁、高大、敞亮，井然有序，完全颠覆了人们对火车站的传统印象。

这座新的城东客运站气势恢宏，容量巨大，在三环高速公路上远远就能看到它的穹顶上醒目的大字。走到广场，立即就能感受到浓烈的古蜀文化元素，东广场进站口和西广场进站口的装饰立柱都以三星堆青铜纵目面具形状凸显，房顶则运用了金沙太阳神鸟的火焰造型。来到这座客运站，这些文化符号就在提示旅客，你已经来到了四川，来到了成都，来到了文化灿烂的天府之国。

城东客运站的诞生，是城市现代化进程的结果，也是几代成都人梦寐以求的理想。其实早几十年前，成都市政府与铁路部门就有计划在这里建设一个客运站。对此，我们从作家李劼人与女儿李眉的通信中即可了解到。1961年元旦，李劼人给远在北京外交部工作的女儿李眉写了封长信，他向李眉详细介绍了成都一年来的"三件好听的事"：第一件是成都的钢产量提前十七天完成了计划；第二件是成都的煤炭供应全部实现了自给；第三件便是成昆铁路已经通车至彭山青龙场。就在这第三件好事中，李劼人写道："成都已经在修东火车站，据说明年可以修成，上下客货。将来尔等回来，便可在东站下车，距离'菱窠'不过一公里许，实在太方便了。"菱窠，是李劼人先生建在沙河堡菱角堰边的住宅。那个年代，沙河堡距离市区还有些"遥远"，若有一上下客的火车站，不止对李劼人先生，对四川师范学院的大学生和当地居民都是一种福音。可是这个距"菱窠"一千米左右的火车站建成后，并没有成为李劼人盼望的"上下客都方便"的火车站，而是一个小货站。直到这位对故乡城市充满期待的老作家已故去半个多世纪后，他梦寐以求的宏丽的东客站才终于在东山的土地上建成。老先生若泉下有知，定然会欣喜万分，想必还会毫不犹豫地挥洒他如椽大笔，为我们留下一篇锦绣文章呢。

青史留人间

　　与大江大河比较，流淌在城市中的沙河虽然微小，但沙河两岸不仅有肥沃的土壤，丰富的物产，也有深厚的人文积淀，可谓人杰地灵。千百年来，沙河边走过数不清的风流人物，仁人志士。他们有的生长于斯，有的生活于斯，有的则长眠于斯。无论他们的人生事迹，还是他们的身体遗骨，都是对沙河两岸文化土壤的泽润与增辉。由于过往沙河的人物数不胜数，以下只能选择性地列举几位。

河畔的史与诗

史诗作家李劼人

1911 年夏，四川发生一场轩然大波，波澜壮阔的保路运动拉开了序幕，沙河东山的农民兄弟也义无反顾地汇入到这场革命的洪流。沙河见证了历史的一次大转折。

辛亥革命过去半个世纪后，沙河畔再次激荡起波涛的回声。不过，这一次是作家笔底的波澜。

1962 年 12 月 13 日夜晚，沙河堡一个叫"菱窠"的土洋结合的农家院子书房里，一位七十一岁的老人在稿笺纸上用毛笔工工整整地最后写下了一个"六"字，感觉实在无力再写下去，便搁下他使用了许久的小楷毛笔。孰料，这一搁笔就此留下了中国文学一个永久的遗憾，而他最后写下的"六"字成了绝笔，那是重写的长篇名著《大波》第四部第四章第六节的开始。

这位病倒在书桌旁的老人就是中国现当代大名鼎鼎的文学家李劼人先生。

李劼人与沙河的不解之缘始于 1939 年。从这一年开始，他一直居住、生活、写作在这里，直到逝世，并且在他去世后，还被永远安葬在了离沙河不远的磨盘山。可以说，李劼人生而居住于沙河畔，死后又长眠在沙河旁。他已经化成了沙河泥土中永不流逝的文化堆积层。

居于沙河之滨的李劼人对于沙河的乡村场镇有细致入微的观察和透彻的理解。许多人和事都化作了他笔下经典的情景艺术。长篇小说《天魔舞》就

▲ 四川省重点文物保护单位菱窠　张义奇摄

创作于沙河边的"菱窠"，作品前两章写城里人到农家躲警报，就是以沙河为背景，真实描写了沙河人家的风俗民情和生存状态。地方史专家谢桃坊先生在《成都东山客家研究》中记述过几个东山的袍哥大爷，其中不乏沙河乡场上的恶棍地痞。其实这种人在李劼人的短篇小说《天要亮了》中已有生动形象的描写，"歪人"陈大爷原本是某旅长的马弁，从城里疏散到沙河边的小乡场上，凭借自己的"横"，招降一批喽啰，在场上开了两个码头，拥有几十家烟馆和赌场，并且仗着袍哥的身份与青帮的杜月笙有往来，于是便成了什么"调查室""稽查处"的成员。1949年当解放军大兵压境时，这个跳梁小丑竟然自不量力要组织人"保境安民"。小说没有正面写陈大爷的覆灭，却在结尾处不无讥讽地写了一句，陈大爷若来生真的要做个好人的话，今年该九岁了。

从清代以来，沙河的乡场就是东山清水袍哥和浑水袍哥汇集的据点，在国民党政权崩溃时，一些人选择了站在新政权一边，而不识时务的陈大爷之流却甘愿成为旧时代的殉葬品。李劼人活脱脱地勾画了这类人物的丑陋嘴脸，实在是"沙河文学"的一个生动形象。

李劼人（1891—1962），成都华阳人，祖籍湖北黄陂。1891年6月20日出生于成都北门（属华阳县）经历司街，因为生在端午节后，故取小名端端，学名李家祥。李家祥三岁发蒙，由幺外公教《三字经》，六岁再次发蒙，由舅父教授《诗品》《论语》《大学》等，并学习了《唐诗三百首》。李家祥九岁时，因父亲在江西任小吏，遂前往南昌，因家境贫困而辍学在家温习旧课。后来父亲去抚州东乡县任职，家境有所改善，李家祥得以进入临川县官立小学读书两年，之后又进入印刷局当了排字工。

1906年，因父亲病故，十五岁的李家祥护送父亲灵柩回到成都。次年考入华阳中学戊班，为一个受欺负的同学打抱不平，愤而自动退学。1908年，李家祥在湖北一亲戚的资助下，考了当时四川高等学堂附属中学丁班。这个班上出了一批有影响的杰出人物，如中国现代音乐的奠基者王光祈、生物学家周太玄、数学家魏时珍、文史学家郭沫若、政治家曾琦等等都在这个班。1912年，中学毕业的李家祥因亲戚去世断了学费来源，未能继续升学。是年，他以李劼人的名字发表了小说处女作《游园会》，从此这个名字伴随了他一生。

从中学毕业到五四前夕，李劼人先后在舅父任县知事的泸县、雅安任科长，目睹了官场的黑暗和种种社会弊端。《死水微澜》中的刘三金就是以这期间在泸县认识的名妓周七为原型创作的。1915年被《四川群报》聘为首任主笔，李劼人开始以"老懒"的笔名发表了一系列短篇小说。1918年，《川报》聘李劼人出任社长兼总编辑，李劼人遂请王光祈担任驻京记者，积极宣传新文化新思想。1919年，王光祈、李大钊、周太玄等人在北京发起成立"少年中国学会"，李劼人则应邀在成都成立分会并担任书记。五四运动爆发后，王光祈及时发回北京的消息，经李劼人手笔与《川报》媒介，立即引爆了四川的学生运动，并借此声势极大地传播了新文化。

　　1920 年代初，李劼人随中国勤工俭学学生抵达法国，在蒙彼利埃大学系统地学习了法国文学，并翻译了福楼拜的长篇小说《马丹波娃利》（今译《包法利夫人》）、《小东西》和普勒浮斯特的《和解》《妇人书简》，并创作了中篇小说《同情》。1924 年，李劼人谢绝了东南大学的邀请，回到成都继续翻译法国文学和创作短篇小说。李劼人创作的第一个高峰期到来了，他许多有名的短篇小说都在这时期完成。1926 年至 1930 年代初，李劼人应张澜之邀，任成都大学教授并兼文预科主任，同时在公立四川大学任教。除了授课之外，还主编《新川报》文艺副刊，并发表了大量翻译作品和小说、杂文创作。

　　1933 年，应卢作孚之邀，李劼人出任民生实业公司机器厂厂长，这是李劼人第二次进入实体经济。早在 1925 年，李劼人就与卢作孚一起联络著名实业家陈宛溪共同创办了万基造纸公司，即后来的嘉乐纸厂，并且对纸厂投入了很大精力。此次担任机器厂厂长，李劼人的计划是，不仅要使工厂能修大型轮船，而且还能制造中型轮船、小型抽水机和配制木炭汽车。是年，李劼人建议公司以五千大洋的廉价打捞出英国太古公司沉没的千吨级轮船，以此改造成航行于上海和重庆的主力轮船"民权轮"。抗战爆发后，民权轮在被称为"中国的敦刻尔克大撤退"中发挥了巨大作用。

　　正是由于改装民权轮，投入了公司资金，李劼人遭到股东责难。1935 年李劼人愤而辞职回到成都，以二十余天的时间完成中国文学史上不朽的名著《死水微澜》，于是一发不可收拾，两年多的时间内又先后完成了长篇小说《暴风雨前》《大波》，与《死水微澜》共同组成了"大河小说三部曲"。这时期是李劼人创作的第二个高峰。

　　抗战中，为支援大后方的文化事业，李劼人把主要精力都投入到了嘉乐纸厂生产中，创作和翻译退而成了副业，这期间除了改译或重译旧作外，创作只有一些短文。抗战胜利后，国内矛盾日渐突出，李劼人完成了长篇小说《天魔舞》，以后又写了约十七万字的《说成都》一书，可惜该书未出版即散失，今天只能看到个别篇章。

50年代，李劼人把嘉乐纸厂交给政府。1950年当选为成都市副市长，1953年又分别当选为四川省文联和中国作家协会四川分会副主席。从1954年起，根据冯雪峰和作家出版社的建议，李劼人开始修改出版《死水微澜》《暴风雨前》和重写《大波》。然而天不假年，一直到临终，重写本《大波》也未完成。1962年12月24日，李劼人不幸病逝，享年七十一岁。

纵观李劼人一生的创作，他是一位杰出的作家。他的作品代表了成都文化和成都精神。同时，李劼人的作品也是中国现代文学不可多得的经典。迄今为止，描写成都历史尚没有人能够超越他。巴金称赞李劼人是成都真正的历史家，成都历史活在他的笔下。

李劼人是现代早期的法国文学翻译家。翻译过福楼拜、龚古尔、莫泊桑、都德、罗曼·罗兰等诸多法国作家的作品，包括九部长篇小说，一部中篇小说和一些短篇小说、戏剧文学等等。李劼人也因此成为法国文学翻译的"三李"之一，"三李"即李健吾、李青崖、李劼人。

李劼人是一位成功的民族工业家。说他成功，并非说他把企业做得多大，而是因为他引入了先进的管理理念，并且为抗战大后方的文化建设做出了重大的贡献。嘉乐纸是当年很紧俏的产品，报刊、教科书乃至政府公文都选择嘉乐纸。这是李劼人作为实业家对抗战所做出的重要贡献。

李劼人是成都早期重要的媒体人，从报纸作者起步，做过主笔、主编、总编辑、社长。他主编的报刊，无论是《川报》还是《星期日》，都积极宣传新思想新文化，竭力开拓读者的域外视野，他主编的报纸是成都最早刊登外地新闻的媒体，尤其在对五四新文化的传播中，偏僻的成都能够成为与北京、上海鼎足的三个新文化中心之一，李劼人功莫大焉。

李劼人还是一位积极的社会活动家，出色的地方政府领导人。军阀统治时代，他曾为四川和平游说奔走；抗战中，不仅热情撰文、集会，为抗战呐喊，而且时常为抗敌文协的刊物《笔阵》慷慨解囊。李劼人以自己德才兼备的威望成为中华抗敌文协成都分会的灵魂。1950 年始，李劼人一直担任成都市副市长，主管文教、城建、卫生等工作，是他主持修缮了多处文化文物遗迹，其中杜甫草堂就是他亲自规划修缮，并且派人往全国各地搜集杜甫的资料，由此成都杜甫草堂才形成了如今的研究中心。李劼人还亲自规划了人民南路的建设，包括宽度、绿化、玉兰灯等都由他确定。这条成都中轴线上的重要道路，在李劼人先生离世半个多世纪后仍然没有过时，由此足见其目光的远大。

李劼人 1939 年来到沙河边，当年为躲避日机轰炸，免却跑警报之累，他在沙河旁狮子山南麓的菱角堰边购买了一块土地，建起了几间土坯茅草屋。这是李家自八世祖入川以来第一次有了自己的房产。李劼人为房屋取名"菱窠"，意味菱角堰边的窝。以后，李劼人用创作《大波》的稿费收入多次改建修缮，最终建成了今天的李劼人故居模样。

李劼人自"菱窠"建成后，在这里生活、写作达二十二年时间，这期间他创作了长篇小说《天魔舞》，短篇小说《天要亮了》《帮林外婆搬家》，九十多万字的重写本《大波》也是在这里写成的。

沙河为李劼人提供了诗意的栖居，而李劼人则为成都、为中国留下了一部波澜壮阔、气势磅礴的伟大史诗。

迎着太阳的诗人戈壁舟

成都城北凤凰山南麓的沙河东岸，曾经有个著名的乡场叫赖家店。戈壁舟曾在《自传》中说他出生在成都北门外十三里的赖家店，而且还说他小时候最爱到山神庙去听人说《聊斋》，路途中要经过一段很吓人的坟地，但恐惧止不住他听书的欲望。

2018年8月，我与作家老冯去寻访诗人戈壁舟的出生地。结果大出意料，昔日的乡场已经没有了，道路也基本废弃，只剩下两户人家的房屋零落在废墟和田园中，从门牌号上还能找到赖家店最后的踪影。一条宽阔的高架路从老乡场上延伸过去，高架路下曾经的房屋院落均已荡平，有的成了当地居民的临时耕地。老乡指着一片点着稀稀拉拉毛豆的空地说，那就是廖家大院。

这块点了毛豆的土地，曾经是诗人的故居吗？老乡不知道，我们就更疑惑了。于是我们又沿着诗人所说的那条小路去寻找山神庙。路边的老坟与诗人记述的还差不多，阴森森的，但也面临迁移了；山神庙的地名还在，不过当地居民建的房屋正在拆除，不久这里就会有新的面貌。

戈壁舟（1916—1986），本名廖性泉，后改名廖耐难。1916年3月18日出生在一个织花边的工人家庭。五岁发蒙，在私塾学习至十岁时，父亲将廖性泉送到成都著名的"五老七贤"颜楷和刘咸炘处学习书法。十五岁时，到城里读中学，将自己名字改为廖耐难，鼓励自己迎难而上。后进入志景书塾，再后又考入国医学校。

戈壁舟的文学启蒙来自民间，小时候他最喜欢听评书艺人讲《东周列国志》《封神榜》《说唐》《三国演义》《水浒传》，还经常跑到几里外的山神庙去听《聊斋》。民间艺人为戈壁舟开启了文学之门，而直接激发他诗性的则是本身充满诗意的农村田园。他曾说："要问我谁启发了我对诗歌的爱好，那就是我家屋后的堰塘。""堰塘周围，绿竹环绕，十分幽静。堰塘的水像一面镜子，白天映着太阳和白云，晚上映着月亮和星星。堰塘上有老鹰盘旋，燕子穿梭。蝴蝶翩跹，蜻蜓上下，这一切都映在水塘中。夏天有蝉在树上歌唱，秋天有蟋蟀在草里歌唱，成年四季还有黄莺、紫燕等各种小鸟在堰塘周围歌唱。我很喜欢那地方，常到那里去游玩。"

中学时代戈壁舟开始写诗。先是写旧体诗，读了胡适的《尝试集》和郭沫若的《女神》《凤凰涅槃》后，发现新诗的美妙，遂将写作目光转到了新诗方面。

九一八事变后，亡国危机加深，中国人民的抗日热情逐渐高涨。1936年，戈壁舟在成都参加了共产党领导的"民族解放先锋队"和"学生救国联合会"，萌生了到延安去的想法。为了实现自己的理想，他历经千难万险，三次出川，流浪过大江南北，黄河上下。第一次从上海出发北上延安，未成。第二次进入潘文华部队二十三军战地服务队，发现该部腐败，遂跑到皖南新四军部队，却又错误认为新四军是"杂牌部队"，仍旧设法上延安，结果走投无路，被拉过壮丁，遭遇过土匪，打过零工，讨过饭。1939年，他听说新疆盛世才很开明，并且茅盾等人也在新疆学院，遂沿着当年红军北上的路线过草地，经松潘北上西宁转道武威，却不料被国民党逮捕投进了兰州监狱，后经朋友父母保释出狱，终于经八路军兰州办事处介绍到达了他向往已久的陕北。

1941年，戈壁舟考入鲁迅艺术学院，读书四年中，阅读了大量文学作品。他开始发表小说和诗歌。鲁艺毕业后，戈壁舟被分配到内蒙古鄂尔多斯市中央民族学院当教师。在教学之余，戈壁舟创作了《蒙古人之歌》《蒙古大合唱》和诗剧《沙原牧女》，颂扬蒙古人民的革命精神。1946年，回到延安后，正值国共内战爆发，戈壁舟连续发表了一系列精短小诗，如《哨》《八阵图》《打伞兵》等。1947年，戈壁舟被调往新华社前线分社任随军记者，在转战陕北的日子里，他继续创作小诗，《扫雷兵》《电话员》《巷战》《羊肉直放坏》《红旗是胜利》等脍炙人口的作品就是这时期完成的。

1949年，在进军西安的途中，写下诗歌《别延安》，表达了他对延安的深厚感情。西北文联成立后，戈壁舟任创作室主任，随后深入到基层体验生活，创作了长诗《把路修上天》。1953年，戈壁舟重返延安，完成了短诗《枣红袄》《县长过山庄》《无定河畔》，长诗《三弦战士》，代表作《延河照样流》也在这期间写成。同年，戈壁舟参加赴朝慰问团，创作了《过鸭绿江》《青松翠竹》等一批诗歌。

1955年，由戈壁舟筹办《延河》杂志并担任主编，随后就深入到宝成铁路建设工地，写下了《命令秦岭开路》《秦岭之雾》。

除了延安，家乡四川始终是戈壁舟关注的地方，1958年他就请求调回四川工作。这一年，川中发现石油，戈壁舟立即深入到一线体验生活，相继写了一批深受工人们喜爱的诗歌。1959年，戈壁舟创作了《天安门赞歌》等一组作品。同年，诗歌选集《我迎着阳光》《山歌传》也相继出版。60年代初，戈壁舟西出嘉峪关，北出山海关，又深入到川西高原，再上庐山，下赣江，行走数千里，创作了上百首诗。后来诗人将这批作品编为《登临集》，1963年由作家出版社出版。

"文化大革命"十年，戈壁舟被下放到"五七干校"劳动改造，诗歌创作完全停滞了。1978年陕西人民出版社编选出版了他的旧作《延安诗抄》《三弦响铮铮》。次年，戈壁舟被调回西安，任市文联主席兼书法家协会主席，他发表了诗歌《老牛之歌》，这篇以"五七干校"生活为背景的长诗，正是他自己生活的写照。

晚年的戈壁舟曾有个宏大的计划，想把他青年时期走过的地方重新走一遍，以便创作一部由"几部长诗组成的长诗"，为此他北上南下，跑了许多地方，真正体现了"烈士暮年，壮心不已"的诗人情怀。然而，1983年，长诗创作刚刚才开始，病魔就找上了他，诗稿只完成了一些片段。

1986年3月5日，诗人戈壁舟带着尚未完成长诗的遗憾离开了人世，终年七十岁。

不该消失的文化风景

在沙河堡菱角堰旁除了李劼人的"菱窠"外，还曾经有一道文化风景，那就是现代音乐理论家王光祈墓。遗憾的是，它过早消失在了地平线上。

1981年7月13日，《成都日报》锦水副刊发表了郑光福一篇短文《一通风格典雅的墓碑》，称在沙河堡菱窠附近挖出了一通墓碑，长1.6米，宽0.7米，正面四周是芙蓉花朵组成的花环，碑额的圆圈上有五线谱音符。碑上有一行阴刻的大字"温江王光祈先生之墓"。

如今只有这通碑安放在四川音乐学院，而王光祈墓地已经荡然无存。曾经安宁的菱角堰已经被今日繁华的高楼、街道和地铁站所代替。

王光祈（1892—1936），字润屿，号若愚，四川温江县人，现代杰出的音乐理论家和卓越的社会活动家。1908年进入四川高等学堂分设中学堂学习，与李劼人、周太玄、魏时珍、郭沫若等同学。1914年，王光祈只身走出夔门到京城勤工俭学，先考入中国大学法律本科，后又在北京大学做旁听生。1918年与李大钊、曾琦等组织"少年中国学会"，被选为书记兼执行部主任，负责编辑出版《少年中国》《少年世界》两种杂志，毛泽东、赵世炎、张闻天、恽代英等都是经过王光祈介绍加入少年中国学会的。之后王光祈在蔡元培、陈独秀等人的支持下，又创建工读互助团。

在五四新文化运动中，王光祈先后担任了四川《群报》驻京记者、《京华日报》编辑，同时还经常在陈独秀、李大钊主办的《每周评论》上撰写文章，大力宣传新文化新思想。五四运动发生当天，参加了学生游行的王光祈立即以专电的形式向成都发回了消息，随后每天都有运动进展的文章传回，使闭塞的成都人顿时眼界大开。许多年后，李劼人先生在回忆五四运动在成都的发展时还多次说："当时的成都，虽有几家日报，而最能推动这一运动的，实在要算《川报》，而王光祈在这方面是起了很大作用的。"对于王光祈的文章，李劼人的评价是："用他那支挟有感情的笔，简单明了地写出这一运动的来龙去脉，告诉读者，应该如何支援这一运动，以及这一运动将会产生如何的后果。"对王光祈本人在五四新文化运动中的贡献，李劼人先生认为："王光祈的行为精神，在我看来，确乎可以作为新青年的楷模哩。"受王光祈出色的新闻报道的推动，五四运动得以在四川蓬勃发展起来。

1920 年，王光祈赴欧洲留学，由于他经济拮据，旅费还是老同学魏时珍（著名数学家）资助的。行前，陈独秀等人专程为这位五四英雄饯行。王光祈在巴黎与周太玄和李劼人等老友叙别三日后，便转道去了德国的法兰克福，先学习政治经济学，后又转入柏林大学学习音乐。1933 年，王光祈受聘于波恩大学东方学院，担任中国文艺课的教师。次年以《论中国古典歌剧》一书获得波恩大学博士学位，最终成了我国新音乐学的一代大师、现代音乐学的奠基人，也成为中国最早在西方为祖国争得荣誉的音乐学家。

然而，上苍无眼，时不假年。因积劳成疾，1936 年，王光祈在波恩大学图书馆突发脑溢血逝世，英年四十四岁。一代五四之花过早凋谢了！噩耗传出，学术界大为震惊，德国波恩大学和国内的上海、南京、成都以及王光祈的家乡温江县都举行了隆重的追悼会。蔡元培在南京的追悼会上亲自致悼词，盛赞王光祈在新文化运动中的伟大历史功绩；著名画家徐悲鸿则为王光祈赶画了遗像。1941 年，李劼人、周太玄、魏时珍等老同学，将王光祈的骨灰埋葬于成都东门外狮子山下菱角堰旁边的周太玄家的坟地，与李劼人的居所"菱窠"毗邻。

然而在"史无前例"中，承载着五四光辉的王光祈墓也未能逃脱厄运。唯一值得庆幸的是那块由周太玄题字的墓碑得以保存下来。

王光祈的著作涉及国防、外交、政治、戏剧、美术多个领域，音乐方面更是丰富。由巴蜀书社 2009 年出版的五卷本《王光祈文集》，保留了王光祈留给祖国的珍贵文化遗产。

王光祈曾经在海内外都产生了广泛的影响。1946 年，毛泽东到重庆参加国共和谈，曾打听王光祈下落，当听到他早已逝世且没有后人的消息，不禁叹声惋惜。人民音乐家冼星海高度评价王光祈，认为是"他推动了新音乐的发展，他的刻苦耐劳是我们从事中国新音乐的模范"。原德国波恩大学东方学院院长卡勒则说："他努力介绍西方音乐精华到中国去，并且用西洋的方法整理那至今还未有人碰过的材料，在这方面，他是第一个前驱者。""他在研究院无时不以最大的努力和确定的态度来工作，他是一个静默稳重的人，只有很接近地去仔细认识他，才可以了解他的伟大。"日本著名音乐家岸边成雄也说："把柏林学派的比较音乐学观点第一个介绍到东方来的，是中国人王光祈。"

沙河边的一道风景消失了，但王光祈作为中国现代历史中的一个文化音符，已经深深嵌进了中华大地的人文土壤之中。

沙河畔的民族实业家

康季鸿与康公馆

沙河畔不仅有文化，而且有实业，或者说实业也是沙河人文历史的一部分。

2017 年 9 月的一天，我去寻访康季鸿公馆。在沙河乌龟坝一带转悠了许久，问了不少于十位路过和健身的老人，居然都没听说过附近沙河边有谁的公馆。难道是我弄错了吗？正当我十分沮丧时，看到过来一位买菜的老人，我忙再次打听。"康季鸿公馆，我带你去。"老人姓周，说他在这里生活了一辈子，周围的变化都记得。

老人带我从古鸦坡路拐了两道弯，来到一条幽静的小街，指着高楼中的一处园子说，那就是康季鸿公馆。我谢过老人，在这处叫"庄园"的园子门口看到门牌号是通盈街 699 号。

庄园内树木茂密，绿茵掩映，加之四周被高楼环绕，因此颇有些隐蔽。园内绿荫中有一幢青瓦、青砖的中西合璧平房建筑，这就是传说中的康季鸿公馆。在公馆的一面外墙上，镌刻着一段长文，详细介绍了公馆的历史：这是一座见证了成都近现代工业文明史的中西合璧建筑。20 世纪 30 年代末期，康季鸿先生在海外奋斗多年后，带着实业救国的梦想回到成都，创建了经营花果、养殖、烘烤、砖瓦业的私营农场，以他最爱的唯一儿子康心中的名字，将农场命名为心中农场。他在农场内修建了两处建筑，均以他旅居海外的经历和见识作为修建模板，与当地有钱人修建的传统川西民居公馆大相径庭，比如建筑材料虽然都采用了川西民居常见的小青瓦、青砖，但外形却像西式小洋楼。

据介绍，康季鸿公馆原有东西两栋建筑，东侧以中式风格为主，是康季鸿家人居住房，采用中式框架式结构，榫卯安装，梁架承重，后因白蚁蛀蚀致中梁垮塌，无法复原；西侧为中西合璧，是工作和交际的场所，采用西方传统混凝土石质制品与围柱式、墙柱承重式结构。公馆原为康季鸿食品公司办公处，1951年收归国有后，相继作为国营成都食品厂、成都罐头厂办公处。1998年后划归民营企业使用。康季鸿公馆是成都目前保存较完整的公馆。

沙河畔这样的西式建筑，在20世纪三四十年代的确不是一般土财主所能修建的。康公馆当年在这一带是独领风骚的民居建筑。康季鸿也吸引了不少有识之士到康公馆来谈论国家大事，商讨投资投产。在康季鸿表率下，一批现代民族企业相继出现在沙河畔。

康季鸿（1892—1985），四川安岳人。早年毕业于北京大学，后又先后赴英国伦敦大学和美国加州大学留学。在海外打拼多年后回国创业，成为民国时期成都著名的民族企业家。抗战时期，康季鸿将心中农场更名为心中农业公司，陆续增加了糖果、糕点、罐头、果酒的生产。通过技术革新后，生产出了鸡、鸭、鱼、肉和水果等各种罐头，这是成都有史以来第一次生产出罐头产品，对四川人民生活的意义是不言而喻的。

抗战胜利后，美国商品大量涌入，心中公司和其他民族企业一样陷入了艰难境地，直到20世纪50年代，通过公私合营，工厂才最终找到生机，后来逐步发展为国营食品公司，即成都市罐头食品厂。随着生产规模扩大，康公馆便成了工厂办公的场所。

2002年东郊企业搬迁后，政府部门对康季鸿公馆在保护原貌的基础上投资进行了修缮，如今康公馆已更名为"庄园1885咖啡会所"。

蓝尧衢与"三友庐"

东大路下沙河堡的沙河大桥如今叫五福桥。五福桥的得名源于此地名为五福村，而五福村的来历则是因为民国时期这里居住了五位社会知名人士。与五福村毗邻的就是早先的大营门，原国军航空委员会和空军指挥部所在，1949 年后改建为供高级干部疗养的沙河招待所，再后变为今之望江宾馆。民国时期，这一片地方是沙河的河湾地，在沙河西岸，面积有好几百亩。1954 年沙河整治时，河道被扩宽捋直，五福村一带就成了沙河东岸。

据采访过蓝尧衢女儿蓝淑明老人的作家周明生《实业金融巨子蓝尧衢轶事》一文介绍，五福村的五位人物分别是实业家蓝尧衢、《工商导报》总经理王达非、成都纸业和印刷业巨头安新贤和安客贤兄弟，还有一位名叫孙雨昌①。在五福村中，蓝尧衢的家称"三友庐"，正门上方有于右任题写的"三友庐"匾额。蓝家占据了整个五福村的东面，面积达数十亩。

蓝尧衢好与文人交往，画家张善子和张大千兄弟曾在这里寄住了两年，一直到张大千搬进金牛坝的新居；住在沙河对岸上沙河堡的作家李劼人也与蓝尧衢时有往来。

那么蓝尧衢是何许人？

蓝尧衢（1889—1951），新津县方兴乡人，成都 20 世纪 40 年代的实业家和金融巨子。十五岁时，考入成都凤凰山陆军小学堂，后被保送进入保定军官学校。毕业后，在川军中任过排长、连长、营长、团长、师参谋长、川南清乡司令及武胜县长等。

1928 年，蓝尧衢离开军界后，在成都成立"民生两合公司"，自任总

---

① 另据申琛《沙河堡历史名人荟萃》一文，五人是指银行老板蓝尧衢，军需处长黄毕光，银行经理孙云昌，纸厂老板安克贤，茶叶商人于竟然。当时称五户村，久而久之叫成五福村。

经理。先从上海购回五辆汽车，经营成嘉（成都至乐山）的客货运输业务；又与卢作孚的民生实业公司实行联运，有"罗通"等四条轮船来往于渝嘉之间。1930年，蓝尧衢增置五十辆汽车专搞货运，陆路运输增至成雅、成渝两线。1935年，他再建造大型木船五十艘投入运营，往来于成嘉、成渝两线。1936年，民生两合公司改组为利昌股份公司，开辟了长江全程航运线，使四川西南一带的陆路客货运输得以与水上运输联通。

全面抗战爆发后，蓝尧衢积极投入实业救国的行动中，他知难而进，开辟了广州湾运输线，于广州、梧州、柳州设立办事处，于贵阳、昆明设立分公司，为国家抢运了大量抗战物资。尤其在被称为"中国的敦刻尔克大撤退"中，蓝尧衢积极配合卢作孚，调动公司所属船只帮助政府抢运战备物资和兵工厂人员。

不久，交通部指定交付使用的苏联援助中国抗战的一百辆卡车，他将其全部投入广州湾运输线，专门运送国家的出口物资。1938年广州湾失守后，他又开辟西南运输线，在河内、海防、仰光、广州增设分公司，经营进出口贸易。同时还在川陕公路、成雅公路沿线设立办事处，开辟西北西南公路运输线，竭力保证大后方的物资运输。利昌公司与民生实业公司的合作，对抢运抗战物资，保证大后方的交通运输立下了汗马功劳，国民政府交通部曾特别通令嘉奖。

蓝尧衢是具有世界眼光的企业家，他曾考察了欧美三个国家，去了巴黎、伦敦、纽约，发现当地需要人工无法合成的猪鬃。于是，他立即在成都相继开办了利昌、复昌、元昌三个猪鬃厂，并高薪聘请人才在国外设立办事处。猪鬃的生意火红，效益比银行还好。如今在成都大石中路锦江边，原利昌公司码头处，竖立着一个利昌码头标志，以此来纪念蓝尧衢为民族工商业发展所做的贡献。

1943年，蓝尧衢成立了股份制的成都市银行，次年又开设了豫康、裕丰银行，均由他任董事长。豫康银行还在重庆、汉口、上海、香港、仰光设有分行。

抗战胜利后，蓝尧衢于1946年春创办了成都《工商导报》（今天《成都日报》前身），并借以掩护中共地下党人。蓝尧衢还在春熙路市银行二楼设立经济研究室，并高薪聘请专家作研究员。该研究室的宗旨是为庞大的利昌公司企业群提供决策咨询。这个举措在当时实为罕见。

1949年后，蓝尧衢将利昌的一系列企业乃至公馆都捐给了国家。人民政府对于企业的官僚资本部分进行了没收，对其中不属于没收对象的区别对待，退给他3亿元（旧币，相当于3万元），他用之购买公债，支援了国家建设。

蓝尧衢在新津老家与五兄弟共同拥有四十亩田。土改时，"退押"工作组背着枪来到"三友庐"，蓝尧衢只得把本来留给家人的四个多亿（旧币）折实公债全部交了出去。到蓝尧衢逝世后，蓝夫人房间还有几十锭一两重的金锭，蓝尧衢的女儿蓝淑明怕被工作组发现遭受重处，便趁晚上夜深人静时，偷偷溜出门，用纸包上金锭，装进竹编箢篼里，跑到河边上，把金锭朝沙河里扔。但又怕发出响声，她就一会儿扔两个，人跑开，待四周无人发现，又再扔两个。后来改造沙河时，这些金锭一部分最终被人们发现。这是后话。

1951年春天，身为四川省商业厅顾问的蓝尧衢因患鼻咽癌病逝，终年仅六十一岁。一代民族实业家驾鹤西去。

长眠在沙河的古人

　　沙河两岸是成都的丰腴之地，也是亡者的福地，尤其是沙河东岸，地处龙泉山余脉之东山丘陵，更有多处地方被人们视为逝者安息的场所。譬如，被称为"成都八宝山"的公墓就在东北郊的磨盘山。许多革命英烈、老红军、老干部和社会贤达，如四川辛亥革命元勋夏之时，"二一六"革命烈士、开国中将贺炳炎，著名作家李劼人等等都安葬在这里。

　　其实古人早已把沙河之滨作为他们在另一个世界的安息之所。就在写这段文字时，2018 年 11 月 16 日，新华社发布了成都市文物考古研究院近日的新发现，考古工作者在成华区沙河东岸槐荫路发现了四座东汉早中期券顶砖石墓。墓葬虽已遭盗，但还是出土了不少随葬品，包括陶罐、陶釜、陶灯座、陶井、陶俑、摇钱树座以及铁剑、铁削刀等。专家判断此系为一家族墓葬。几十年中，考古工作者从沙河到下游都有发现，其中不少是古代帝王将相、达官贵人的陵墓，明蜀王朱悦燫墓、后蜀孟知祥的和陵、后蜀重臣孙汉韶、张虔钊、赵廷隐、徐铎、李鏻等等都在沙河左岸及东山一带。古人长眠于沙河比较集中的地方，有凤凰山、磨盘山、青龙场、塔子山、保和场等，特别是保和一带，被古人视为"龙脉"地，明代蜀王家族有十个陵墓都在这里，故此东山有个地方叫十陵，今成都大学就在此地。

　　如果说上述的孟知祥、张虔钊以及明十陵距沙河还有些距离的话，那么朱悦燫、孙汉韶、徐铎等古人则是头枕着沙河的波涛，很值得关注的。有关朱悦燫，前文已细说，此处不再赘述。

孙汉韶墓

1984 年 3 月，四川省商业厅在青龙乡西林村基建施工时发现了一件武士陶俑，立即引起了考古工作者注意，经发掘清理，确定这是一座五代时期的墓葬。该墓葬位于驷马桥以北约 1.5 千米，北邻川陕公路。

据当年的考古报告载，该墓地表封土高约七米，面积八十平方米。封土边缘有用砖砌成的加固墙，但仅存东北部一段。墓内由前中后三个墓室组成，中室内有壁画，因长期侵蚀已毁坏，棺床四周有镶嵌石雕，阴刻牡丹花纹，棺床四周边角有长方形红砂石柱，柱上雕有抬棺力士像，每方石刻壸门间，均隔以抬棺力士石柱围绕。力士卷发披肩，有的戴帷头，锁眉鼓眼，悬鼻大嘴，露胸赤足，或单跪或盘坐，双手叉腰间，用肩托棺。棺床四周的这些浮雕石刻构图优美，人物形象刚劲有力，动物神态栩栩如生。

此墓早期被盗，随葬器物保存完整的很少，陶器能修复的仅有百分之四十左右，但墓志基本保存完好，清楚记载为"大蜀故守太傅李乐安郡王赠太尉梁州牧赐谥忠简孙公内志"。此外还出土有建筑陶模、陶俑包括有武士俑一件，戴冠俑一件，侍俑四件，文俑一件，俑头三件，仆俑九件，匍匐俑一件。还有陶狗、陶鸡、铜器饰件、玉石饰片、鎏金铃铛等。出土文物中最精美的便是如今馆藏于永陵博物馆中的建筑陶房模型。这在过去的墓葬中是极少发现的。这件陶制品有照壁、阁、过厅、亭、假山、素面墙、假山墙等，几乎完全与现实建筑一样，表现了亭台楼阁与山水相依的园林风格，或许这就是墓主人生前的居所，也或许是给墓主人带到幽冥世界继续居住的家。

孙汉韶墓是在成都地区发现的第四座大型五代墓葬，其规模仅次于前蜀王建永陵、后蜀孟知祥的和陵和后蜀张虔钊墓。从墓室结构看，永陵、和陵、张虔钊墓等五代墓葬，都与此墓有相同或相似处。

那么孙汉韶是何人，死后竟能享受如此高的待遇？孙汉韶，生卒年不详，

228

沙河流年\
SHA\
HE\
LIU\
NIAN

从墓志和文献记载，只知他字享天，太原人。其祖父孙防，唐岚州使君、司徒。父孙重进，后唐太祖李克用养子，赐姓李名存进，振武军节度使，赠太尉，新、旧《五代史》皆有传。孙汉韶是李存进的长子，后回归本姓。后唐时官至检校太傅，封开国侯。应顺元年（934），潞王李从珂举兵反，孙汉韶与山南西道节度使、检校太尉张虔钊以兴元、武定两镇之地投降后蜀孟知祥。孟知祥尤善待之，于是赐第宅金帛，供帐什物，悉官给之。累官至武信军节度使，守太傅兼中书令，封乐安郡王。广政十八年（956）八月卒于成都县武檐坊私宅中，终年七十二岁，葬于华阳县升仙乡贸仙里，被追赠为太尉、梁州牧，赐谥忠简。

　　孙汉韶墓的墓葬形制及出土文物，反映五代蜀国时期文化的侧面，为研究前、后蜀时期的历史发展提供了重要的参考资料。但由于城市建设的需要，孙汉韶墓已经不复存在，人们只能从文献中去目睹这座古代将军的气势了。

徐铎墓

　　与孙汉韶墓同样结局的还有一座后蜀大将徐铎的墓，也因成都无缝钢管厂建设而从沙河边消失了。1985年1月20日，该厂在三号门附近进行劳动保护教育及产品陈列室的基础施工时，发现墓葬两座。经考古人员现场清理发掘，得知这两座均属五代后蜀的墓葬，其中一座系后蜀彭州刺史徐铎墓葬。该墓为大型砖室墓，墓门斗拱装饰和壁画图案都很有特点。据墓志铭载，徐铎在后蜀广政六年（943）任司空使持节眉州诸军，守眉州刺史。以后又加封金紫光禄大夫检校司空、高平县开国男爵。广政十三年（950），加检校太保，又任陕路行营兼宁江军管内，边诸塞驻屯都指挥使。广政十四年（951）任使持节彭州诸军事，守彭州刺史，同年病卒于宁江军中。后被朝廷归葬于沙河畔。

沙河畔不仅有历代古人安息，也有现代名士长眠于此，如辛亥革命元勋谢持、黄金鳌，国民党元老戴季陶。

谢持墓

2018 年 9 月 19 日，我去寻找谢持墓。塔子山公园后门，林科院旁有一条岷江路，高楼下一处大门紧闭的院子，正门是黑漆木门，地上有街沿，门楣上一幅匾额，书有"天风澥涛馆"五个大字；侧门是两扇大铁门，门牌号标明是岷江路 1782 号。我刚准备从门缝往里瞅，忽然一阵狼狗的狂吠，门缝中已经伸出了半截狼狗的嘴筒，差点就咬到我的脚。在这所紧闭大门的庭院里就是谢持墓，我从黑漆木门缝中隐约看到了"谢持先生纪念馆"几个字。

谢持（1876—1939），四川富顺人。1907 年加入中国同盟会，曾经策划成都起义，事泄逃亡上海。三年后回乡奔丧，又稍后前往重庆，以小学教员

▲ 天风澥涛馆，院内即是谢持墓。　张义奇摄

的身份联络党人，发展秘密会员，参与筹划重庆独立。蜀军政府成立后，任总务处长。重庆蜀军政府与大汉军政府合并后，任四川军政府总务处副处长、军政府参赞。1913 年因参与血光团谋刺袁世凯而遭逮捕，经同志营救出狱，在吴玉章资助下逃亡日本，加入中华革命党。1917 年任孙中山大元帅府参议，代理秘书长。由于孙中山的信任，谢持在革命党内部地位大幅提高。1924 年在国民党一大上，谢持当选为中央监察委员。1925 年，谢持与张继等人以监察委员身份，提出《弹劾共产党案》，并提交《致中央执行委员会书》，强烈反对孙中山联俄联共的政策；之后又与邹鲁等人组织西山会议。国民党就此分裂形成了左右两派，谢持为右派首脑。1927 年，蒋介石、汪精卫公开反共后，谢持当选为国民政府委员和国民党中央监察委员。九一八事变后，曾经分裂国民党的谢持从民族大义角度出发，呼吁党内各派系团结一致，共同抗击外敌入侵。抗战全面爆发后，谢持在重庆发表谈话，主张坚决抗日，反对任何形式的议和。此时的谢持，身体已每况愈下，不久，便回成都定居。1939 年 4 月 16 日，谢持终因病情加重而辞世，终年六十五岁。国民政府命令于成都外东岷江林场为谢持建墓园国葬，国民党元老邹鲁撰写了《谢持墓表》。

谢持墓如今保存完好，是沙河畔的一处难得的历史遗迹。有资料显示，与谢持墓相邻的还有一座辛亥功臣黄金鳌的墓。因没能进入墓园，不知黄金鳌墓是否也在紧闭的园子里。

黄金鳌（1878—1951），字肃方，1878 年生于四川隆昌，1905 年入同盟会。奉孙中山之命联络会党，在隆昌开"天下利"书店为掩护，宣传革命思想。1909 年，隆昌县令下令捉拿正在筹款的黄金鳌，幸得逃脱，潜往南洋，在菲律宾办学办报，继续宣传革命。武昌起义后，回到上海，四处筹款为蜀军政府购买枪支弹药。20 世纪 20 年代，黄金鳌与张澜过从甚密，反对军阀混战，愤然辞官，潜心研究佛学。30 年代初，尝试创办工商业，是兴华地产公司、豫大实业公司、启明电灯公司、嘉乐纸厂等企业的股东；并且独立创办了通慧汽车运输公司，自任董事长。

中华人民共和国成立后，黄金鳌任川西行署委员，并当选为全国人大代表。1951 年 8 月去世，享年七十三岁。

与谢持为邻的另一位成都名人不得不说，那就是餐饮界大佬李九如。不过李九如墓地如今已成塔子山公园的鸟语林了。

李劼人在他的作品中经常写到成都的著名餐馆。其中在老版本《大波》最后一节，写四川军政府成立后，黄澜生包了一桌鱼翅席，庆祝他们一干人升官，选择聚餐的馆子叫聚丰园。而这聚丰园是一家真实的餐馆，老板就是李九如。

李九如（1861—1946），本名李树通，字世成，四川合江人，清末民初成都餐饮行业名重一时的人物。他在华兴街和祠堂街各开办了一个聚丰园餐馆，又在少城公园开办"永聚茶社"，不仅开创了成都餐饮业管理的现代模式，而且引领了女性进茶馆的时尚。20 世纪 20 年代，李九如凭借自己在餐饮界的声望，联络荣乐园、枕江楼、颐之时、三合园等大小餐馆，成立了成都第一个餐饮行业的民间组织"宴蒸帮"，并被推举为首任山长，对内协调各家餐馆的经营矛盾，对外维护餐饮企业的权益。抗战后期，随着物价飞涨，人民生活艰难，聚丰园的经营每况愈下，最终不得不关门大吉。八十五岁的李九如也在 1946 年病逝，被安葬于塔子山雷打咀，成为谢持的"邻居"。

戴季陶归葬

戴季陶也是"叶落归根"在沙河畔的一代历史人物。

戴季陶（1891—1949），四川广汉人。初名良弼，后名传贤，字季陶，笔名天仇。国民党元老，民国时期重要的思想家、政治家。早年留学日本，加入同盟会，1911 年曾参加陈其美等人组织的上海起义，辛亥革命后在上海创办《民权报》，并担任孙中山秘书，二次革命失败逃往日本，1916 年回到上海，任孙中山大元帅府秘书长，主编《星期评论》，宣传爱国思想，也对马克思主义作了广泛介绍。他曾尝试用共产主义来解释中国的伦理问题，并认识到了工人运动对中国革命的意义。他和陈独秀联系密切，是中国最早的马克思主义研究者之一，参与了中国共产党筹备的许多大事，并负责起草了《中国共产党党纲》。戴季陶是中共最早的党员之一，只因孙中山的反对而退出。以后戴季陶不仅与共产党渐行渐远，而且成为坚决反共的代表性人物。

1924 年戴季陶在国民党"一大"上当选为中央执行委员和常务委员，任中央宣传部部长。黄埔军校成立后，为首任政治部主任。孙中山逝世后，戴季陶发表了《接受总理遗教宣言》《民生哲学系统表》《孙文主义之哲学基础》《国民革命与中国国民党》等系列文章，提出了一整套反共理论，曾积极参与策划"四一二"清共。1926 年担任国立中山大学校长。1928 年以后历任国民政府委员、考试院长、国史馆馆长等职。1949 年，国民政府开始撤退前，曾安排他去台湾，但戴季陶拒绝了。是年 2 月 11 日在广州东园服安眠药自杀。

戴季陶一生著作甚丰，《青年之路》《日本论》《学礼录》等都是当年有影响的著作，尤其是《日本论》一书，堪称研究日本人性格心理和日本文化的力作。

那么在广州去世多年的戴季陶怎么又回到了成都呢？这就有了新故事。

据戴季陶家族的后人、署名万紫千红的作者在《戴季陶之墓的变迁》一文中介绍，国民政府在广州为戴季陶举行了隆重的公祭仪式后，便由其子护送灵柩回到成都，安放在文殊院四十九天，再经蒋介石下令举行国葬。经过隆重的仪式和媒体大肆宣传后，戴季陶被风风光光地安葬在西门外枣子巷的戴家花园。1952 年，一队解放军士兵来到戴家花园，掘启了连同戴季陶母亲、和戴季陶一同下葬的夫人及戴的二嫂、侄子一共五具棺木。在路边放了一个星期后，用架子车拉到罗家碾埋入河边的竹林中。"文化大革命"结束后，

▲ 昭觉寺内的戴季陶墓　张义奇摄

枣子巷戴家花园的原址要扩建中医药大学，在挖地基时，发现了戴母黄太夫人的墓碑。这方石碑做得很有特色，上方是雕刻的云彩，中段是蒋介石亲笔题写：戴母黄太夫人之墓。文管所前往查看后，因墓碑太重无法运走，只得重新埋在楼房的屋基下。

　　1990 年 2 月，戴季陶侄女家里来了两位上海公安厅的人，要了解戴季陶墓地的情况。原来是台湾的蒋纬国托他曾经就读黄埔军校时最好的同学，时任上海黄埔同学会会长李赣驹先生（李赣驹先生是中央民革主席李赣骝之兄），帮忙寻找葬在成都枣子巷戴家花园的戴季陶墓。以后又来了四川省公安厅的人，经过戴季陶亲属和公安人员多方了解，最终确定当年被挖出的棺木被重新埋葬在了罗家碾腊家巷。1990 年 3 月 5 日，在戴家亲属和公安、省民革相关见证下，终于挖掘出了遗骨。

　　蒋纬国原希望将遗骨迁葬在戴季陶的祖籍地浙江吴兴，后来经过成都戴氏亲属和四川省委统战部、省台办、省民革各个部门与台湾方面的磋商，决定将戴季陶遗骨火化后安葬在昭觉寺。

　　昭觉寺清定大法师曾经是黄埔军校第五期学员，他和戴季陶有着师生情谊，此事很顺利地确定下来。1993年11月27日，戴季陶夫妇骨灰安葬仪式在昭觉寺举行。省统战部、省台办负责人与戴氏海内外的亲属参加了安葬仪式。在新建墓地供桌上，先摆上了一幅横幅，上面是蒋纬国书写的四个大字"唯心是佛"，然后在骨灰坛内放了两面国民党党旗。台北故宫博物院院长秦孝仪书写了墓碑，用篆体写着："吴兴戴传贤季陶先生之墓，德配钮氏有恒合葬于此。"

　　一代政治人物，历经时代风云，最终回归到了成都沙河侧畔的大地中。

后记

《沙河流年》，顾名思义，这是一本叙述沙河过往的书。

沙河是成华区的母亲河，也是成都市区的一条重要河流，它虽然没有锦江的宽广，也没锦江的长度，但是它在城东所起的作用却是锦江无法替代的。我曾在沙河畔工作、生活了数十年，深知这条河对于老东郊和东郊人的意义，且不说它原本是东郊农业灌溉的主要水源，仅从半个世纪以来它对于东郊工业建设的重要性而言，就很值得书写。可以说，没有流淌在东城的这条沙河，就没有成都当代工业的成长与进步。因此，小小的沙河对于中国是有大贡献的。

2017 年，成华区决定组织人员写作并出版一套历史人文丛书，沙河是其中的一本书的主题。这是第一次由政府出资来为一条短短的河流树碑立传。这对研究、发掘沙河的人文积淀，无疑是一个难得的机会，具有重要的意义。由于我近年来陆续在报刊上发表过一系列有关江河文化的文章，朋友们便撺掇我来写沙河这本。经不住创作冲动的诱惑，我竟然应承了。但我心中的忐忑也是很明显的，感觉很难写好这本书。其原因有两方面：一是有关沙河的参考书籍极其有限，不像锦江有许多的研究资料可阅读；二是沙河两岸最近几年变化巨大，农村的消失和工厂的外迁，使原来的老居民大都搬走了，很难找到能了解当地历史的采访对象。因此写沙河比写锦江具有更大难度。事实上也的确证明了我的担心，动笔之前，我曾多次徘徊在沙河岸边，与陌生人攀谈，以期获得一些采访线索，结果却是常常失望，因为今天居住在沙河畔的新居民，对沙河的历史过往完全是陌生的。

既然在朋友们鼓励下承接了任务，那就只好硬着头皮写了。恰逢今年夏天天气又异常炎热，一趟趟冒着酷暑跑沙河，再带着一身汗湿回家，尽管常常失望而归，却也有偶尔寻找到采访对象的意外收获；更关键的是"成华历史人文丛书"的作者朋友们都十分友善无私，大家一旦发现有可用的资料就立即通报分享。这种集体协作的团队精神大大增强了我的写作信心。

渐渐地，随着采访和查阅资料的积累，我感觉沙河可以写作的东西比较多了，心中遂有了一点底气。小书能够顺利写作完成，首先要感谢成华区委宣传部、区文联、区文化馆的领导，是他们提供了这个难得的机会，并为采访写作提供了大力支持与帮助，才使我能够再次近距离亲近沙河。但是，由于本人学识和写作水平局限，这本小书定然会留下许多缺陷和遗憾，只好请求读者谅解。

在本书写作过程中，郭仕文、蒋松谷、王晓礼、冯荣光、周明生、刘小葵、郑光福、林元亨、温月、王菱等朋友和作家们都慷慨协助，他们或提供资料，或告知线索，甚至带我一道采访。在此一并深表谢忱！

还要感谢在沙河边采访到的一些老人，他们多不愿留下姓名，却把他们知道的故事热情地告诉我。

最后还应感谢四川文艺出版社总编辑张庆宁女士和本书的责任编辑，没有他们的辛勤劳动，这本小书断难问世。

《沙河流年》仅仅是一本抛砖引玉的书，书中写到的有关沙河过往的历史人文故事，不过是悠久沙河的一小部分，我相信以后定会有更好的关于沙河的书籍问世。

张义奇

2018 年 10 月 27 日于古望川原